Aufbrüche und Umbrüche

Andreas H. Apelt (Hg.)

Aufbrüche und Umbrüche

20 Jahre deutsche Einheit – Zeitzeugen ziehen Bilanz

mitteldeutscher verlag

Gedruckt mit freundlicher Unterstützung
des Bundesministeriums des Innern.

Bibliografische Information der Deutschen Nationalbibliothek
Die Deutsche Nationalbibliothek registriert diese Publikation in der Deutschen Nationalbibliografie; detaillierte bibliografische Daten im Internet unter http://d-nb.de.

www.mitteldeutscherverlag.de

Gesamtherstellung: Mitteldeutscher Verlag, Halle (Saale)

Umschlagfoto: © Mechthild Wilhelmi (www.wilhelmi-photo.de)

ISBN 978-3-89812-794-3

Printed in the EU

Inhalt

Vorwort

Im Auftrag der Deutschen Gesellschaft e.V. und mit Unterstützung des Bundesministeriums des Innern erscheint nachfolgender Band, der an eine gute Tradition anschließt. Während im letzten Jahr in Zusammenarbeit mit der SUPERillu und der Bundesstiftung zur Aufarbeitung der SED-Diktatur Zeitzeugen aufgerufen wurden, ihre Erlebnisse und Erfahrungen aus dem Herbst 1989 der Öffentlichkeit mitzuteilen, baten wir nun Menschen, ihren persönlichen Erlebnis- und Erfahrungsbericht aus 20 Jahren deutscher Einheit aufzuschreiben. Beteiligt haben sich Hunderte Zeitzeugen. Ob Landwirt oder Künstler, Politiker oder Unternehmer, Schriftsteller oder Ingenieur, Künstler oder Handwerker, Hotelportier oder Journalist – alle Menschen, die in diesem Buch zu Wort kommen, ziehen ihre persönliche Bilanz. Selbst wenn nicht jede Lebensgeschichte ausschließlich von Erfolgen erzählt, harte und kritische Zeiten Erwähnung finden, machen alle Beiträge Mut und zeigen, wie wichtig Zivilcourage und persönliches Engagement sind.

Angesichts der Fülle der eingereichten Beiträge ist uns die Auswahl nicht leichtgefallen. Dennoch musste eine Auswahl getroffen werden, die einen möglichst großen Überblick über die unterschiedlichen Erfahrungen und eine interessante Sicht auf das Erlebte eröffnen. Insofern stellen die Beiträge eine einmalige Dokumentation von Perspektiven zum Thema »20 Jahre deutsche Einheit« dar.

Die Deutsche Gesellschaft e.V. will einmal mehr unter Beweis stellen, dass die Wiedervereinigung und das einmalige

Aufbauwerk mit erheblichen Anstrengungen und persönlichen Umbrüchen vor allem der Menschen im Osten verbunden waren, aber auch das engagierte Werk aller Bürger in Deutschland ist. Mit unserer vorliegenden Dokumentation wird dieses Werk erfahrbar und erlebbar. Auf das in 20 Jahren deutscher Einheit Geleistete können die Menschen zu Recht stolz sein.

Die Herausgabe der Publikation wird von zahlreichen Lesungen begleitet, die zur öffentlichen Debatte anregen sollen. Die Deutsche Gesellschaft e.V. hofft, dass der Band viele interessierte Leserinnen und Leser findet.

Dr. Andreas H. Apelt
Bevollmächtigter des Vorstandes
der Deutschen Gesellschaft e.V.

Andreas H. Apelt, Berlin

Das letzte Wort in der Geschichte

Vielleicht hätte mein Leben ein ganz normales sein können, so normal, wie es viele meiner Altersgefährten geführt haben. Aber was war schon normal in diesem Land, das sich DDR nannte? – Nach DDR-Maßstäben hieß dies geordnete Lebensverhältnisse, wobei die Betonung auf Ordnung lag: Geburt, Kindergarten, Schule, Lehrjahre, Studium, Beruf, Rente – alles mit dem Adjektiv »staatlich« versehen. Das war die äußere Ordnung der Dinge. Diese Ordnung hatte etwas Definitives, Vorherbestimmtes, Unentrinnbares, etwas von ferner Hand Gelenktes. Im Propaganda-Wortschatz der Regierenden nannte man dies »Sicherheit«.

»Ordnung« und »Sicherheit« die Lieblingsworte von Diktaturen. In der Tat lag in dem Wohlgeordnetsein etwas Bedrohliches. Bedrohlich, weil über allem eine Bestimmtheit lag und in den Dingen selbst ein Zwang. So war das Land voll von Geboten und Verboten, Richtlinien und Anweisungen. Und trotzdem haben die Menschen gelebt, in dieser ihrer Normalität, deren Zwänge sie seit Generationen mit der Muttermilch aufsogen: nicht offen zu reden, Meinungen für sich zu behalten, keine kritischen Fragen zu stellen und schon gar nicht sich zu versammeln, um oppositionellen Stimmungen Ausdruck und Form zu verleihen. Sie hatten gelernt, still zu sein, sich in »Nischen« zu verstecken oder angepasst, nicht die Konfrontation suchend, zu leben. Die DDR-Bürger hatten sich in ihrer Nischen-Gesellschaft eingerichtet und auch ich hätte dies tun können. Doch offenbar hatte sich bereits frühzeitig ein Unbehagen mit der Ordnung breitgemacht, in dessen Folge ich einen anderen Weg ging. Die gesellschaftliche Enge und eine menschenverachtende Ideologie, die

die muffige kleinbürgerliche Ordnung bestimmte, waren mir zuwider, sodass ich, im Bewusstsein, dass die Diktatur nicht das letzte Wort der deutschen Geschichte sein konnte, mich dieser, wo immer ich konnte, widersetzte.

Im Herbst 1989 schloss ich mich einer jener oppositionellen Gruppierungen in der DDR an, von der ich glaubte, dass sie mir eine Heimat bieten könnte. So wurde ich Gründungsmitglied des Demokratischen Aufbruchs, dessen offizielle Gründung am 30. Oktober 1989 im Schutz einer evangelischen Einrichtung stattfand. Damit waren die Weichen nicht nur für das Jahr 1989 gestellt. Die Arbeit im Demokratischen Aufbruch, zunächst als Leiter des Bereichs Presse- und Öffentlichkeitsarbeit, später als Deutschlandpolitischer Sprecher und ab Januar 1990 als Landesvorsitzender in Berlin, eröffnete neue Widerstands- und vor allem Lebensperspektiven. Zum ersten Mal tat ich bewusst eine Arbeit, mit der ich mich identifizieren konnte und die einen Strich unter die Lügen der Vergangenheit zog.

Die praktizierte Meinungsfreiheit war ein Geschenk, das ich nicht mehr hergeben wollte. Wie wertvoll sie war, hatte ich noch ein Jahr vorher unter umgekehrten Vorzeichen spüren dürfen, als man mich der Universität verwies und mir ein Forschungsstudium mit der Begründung versagte, dass man »Dissidenten nicht noch einen Doktortitel geben wollte«. Danach war ich arbeitslos und schlug mich mit verschiedenen Jobs durch.

Die Arbeit im Demokratischen Aufbruch – die Organisation der Orts- und Landesverbände, die Pressearbeit, der Aufbau einer Parteistruktur und der Wahlkampf mit nur einem guten Dutzend Mitstreitern – rang mir enorme physische und psychische Kräfte ab, die nicht nur mich an den Rand der Erschöpfung brachte. Das Ergebnis des DA bei der ersten freien Wahl war ernüchternd: Als Teil der »Allianz für Deutschland« erhielten wir 0,9 Prozent der Stimmen.

Gleichwohl war die Arbeit nicht umsonst. Schließlich war alles das, was wir taten, mit der Hoffnung verbunden, dieses Land zu ändern und einer verhassten Diktatur den Garaus zu machen. Aber nicht nur das: Zum ersten Mal war etwas, was niemand von uns so schnell für möglich gehalten hatte, greifbar nahe – die Wiederherstellung der nationalen Einheit. Diese Vision beseelte aber nicht nur die Arbeit im Demokratischen Aufbruch.

Als im November 1989 die Idee aufkam, eine gesamtdeutsche Gesellschaft, eine Art Freundschaftsgesellschaft zu gründen, war ich sofort Feuer und Flamme. Gemeinsam mit anderen oppositionellen Kräften aus der DDR (unter ihnen Hans-Jürgen Fischbeck, Christian Tietze) und Gleichgesinnten aus der alten Bundesrepublik (wie Jürgen Graalfs, Cord Schwartau und Peter Brandt) verfolgten wir eine Idee, die den Prozess des Zusammenwachsens in Deutschland begleiten sollte. Zwar war ich selbst, im Gegensatz zu manch anderen in der Gesellschaft, von der kommenden Einheit überzeugt, doch ahnte im Herbst/Winter 1989/1990 noch niemand, dass diese Einheit bereits 1990 Realität werden sollte.

Die Gründung der Gesellschaft am 12. Januar 1990 – der offizielle Festakt folgte am 13. Januar in der Berliner Nikolaikirche – stellte dann auch einen Meilenstein der Bemühungen dar, gesamtdeutsche Interessen in einem Verein zu bündeln. Dass ich mit dieser Gesellschaft auch noch 20 Jahre später so eng verbunden bin, ahnte ich damals nicht.

Im April 1990, kurz nach dem Wahldesaster, wurde ich der erste Angestellte der Deutschen Gesellschaft e.V. Die Arbeit war insofern etwas Besonderes, da ich keinerlei Vorstellung davon hatte, was mich in einem gemeinnützigen Verein erwartete. Es gab trotz des Enthusiasmus der Gründung weder ausreichende finanzielle Mittel, noch eine organisatorische Struktur. So diente meine Wohnung als Büro, in der die zahlreichen gesamtdeutschen Fäden zusammenliefen. Die wenige Wochen später eingestellte zweite Mitarbeiterin, eine Sekretärin, musste sich schon aus Platzmangel mit ihrer Reiseschreibmaschine an meinem Küchentisch einrichten, da für die Anmietung von Büros keine Mittel vorhanden waren. Erst im Herbst 1990 gelang es durch Beziehungen, erste Räumlichkeiten in einem heruntergekommenen ehemaligen Bürohaus zu beziehen. Zwar war die Lage in der Mitte der Stadt – in der Mauerstraße – ideal, doch blieb das Büro bis zum Schluss ein Provisorium, zumal wir auch nur notdürftig einige Zimmer in dem großen ehemaligen DDR-Verwaltungsgebäude renovierten. Ansonsten blieb das Haus geradezu gespenstisch leer.

Die politische Bildungsarbeit begann bereits vor der Wirtschafts- und Währungsunion, für die wir auf zahlreichen Veranstaltungen warben. Diese Veranstaltungen waren stets gut besucht, vor allem in Berlin, obgleich sich unter »Politischer Bildung« auch in der DDR noch keiner etwas Genaues vorstellen konnte. Und vielleicht war das schon ein Grund für die große Nachfrage.

Ein Hauptaugenmerk unseres Wirkens galt dem von Verfall bedrohten kulturellen Erbe in den neuen Bundesländern. Städte wie Altlandsberg, aber auch die industrie-archäologisch bedeutsamen »Ruinen« in Rüdersdorf rückten in das Blickfeld unserer Arbeit. Später folgte unser Engagement für Schlösser und Herrenhäuser, hier insbesondere für das Schloss Rheinsberg, dass noch im Jahr 1990 als Sanatorium genutzt wurde. Inzwischen ist das Schloss ein Museum mit angeschlossenem Theater und geradezu eine kultur- und kunsthistorische Perle.

Höhepunkt des Jahres 1990 war die Organisation eines deutsch-deutschen Jugendaustausches, an dem immerhin 2.000 Jugendliche aus den neuen und alten Bundesländern teilnahmen. Organisiert wurde der Austausch von Ehrenamtlichen im Keller eines Wohnhauses am Wannsee. So konnten wir bereits 1990 auf ein erstes erfolgreiches Jahr des Bestehens der Gesellschaft zurückblicken.

Die deutsche Einheit am 3. Oktober war nicht nur für mich, sondern auch für die Deutsche Gesellschaft e.V. ein Höhepunkt. Aus der ersten deutsch-deutschen Gesellschaft wurde nun eine gesamtdeutsche Gesellschaft mit einem festen Sitz in Berlin.

Das Ende der DDR sollte der Beginn einer neuen Ära werden, auch einer nationalen. Doch das Land tat sich schwer mit diesem Neubeginn, angesichts blutender alter Wunden. Schuld und Scham waren ungeliebte deutsche Worte. Vorurteile blockierten das Aufeinanderzugehen. Versöhnungen über alte Grenzen hinweg waren schwierig, weil sich die Deutschen im eigenen Land fremd geworden waren.

Die Deutsche Gesellschaft e.V. sollte gerade deshalb meine Heimat bleiben, auch wenn ich zwischenzeitlich als Abgeordneter des ersten Gesamt-Berliner Parlaments »fremd« ging. Da Parlamentarier der Stadtstaaten ohnehin nur »Halbtagsparlamentarier« sind, konnte ich weiterhin für unsere Ideale werben, auch wenn ich die Geschäftsführung des Vereins für einige Jahre mit der Rolle eines »Bevollmächtigten des Vorstandes« tauschte. Aber der Idee der Gesellschaft, überparteilich das zusammenwachsende Deutschland zu begleiten und für den Abbau von Vorurteilen zu werben, blieb ich verbunden. Angesichts der schwierigen ersten Jahre, der Umbrüche und Zumutungen, verstand es die Deutsche Gesellschaft immer, sich der Probleme der Menschen anzunehmen, sie zu thematisieren und Hilfestellung zu geben. Die Aufklärungs- und Bildungsarbeit ließ sich dabei stets von gesamtdeutschen und überparteilichen Interessen leiten.

Zwanzig Jahre später sind die Geburtswehen vergessen. Der Verein sitzt an einem Ort im Herzen der Stadt, den es vor zwanzig Jahren nur als Grenz- und Todesstreifen gab. Jetzt ist der Potsdamer Platz das quirlige Zentrum des neuen Berlins. Inzwischen verkünden jährlich über 400 Veranstaltungen aller Art: Seminare, Konferenzen, Wettbewerbe, Kulturreisen, Ausstellungen, Lesungen und vieles mehr, dass die Arbeit der Deutschen Gesellschaft nichts an Aktualität eingebüßt hat. Allein in vierzehn europäischen Ländern wird die Arbeit des Vereins geschätzt.

Mit der Errichtung eines nationalen Freiheits- und Einheitsdenkmals in Berlin hat sich die Gesellschaft ein neues ehrgeiziges Ziel gesetzt. Die Initiative aus der Mitte des Bürgervereins will damit an die Friedliche Revolution und die Wiedervereinigung erinnern. Das hat nicht nur den Deutschen Bundestag und die Bundesregierung überzeugt. Den Prozess zu begleiten und zu sehen, wie aus einer zunächst belächelten Idee im Herzen der deutschen Hauptstadt ein Wahrzeichen der Demokratie, ein Denkmal der Erinnerung an die wohl glücklichsten deutschen Tage des letzten Jahrhunderts wächst, erfüllt mich mit Stolz.

Die Geschichte verschließt sich eben doch nicht der Gerechtigkeit. Ein Satz, der auch für mich persönlich an Bedeutung gewann, spätestens als ich dann doch meine, mir einst versagte Promotion abschloss, und nicht Honecker und seine Schergen das letzte Wort in meiner und schon gar nicht der deutschen Geschichte hatten.

Udo Bartsch, Berlin

Grenzerfahrungen – von den Mühen, frei zu werden

Es ereignete sich am 2. Oktober des Jahres 1990. Landesparlament und Landesregierung von Rheinland-Pfalz hatten zur Feier der deutschen Einheit nach Koblenz an das »Deutsche Eck« geladen, jenen geschichtsträchtigen Ort, an dem Rhein und Mosel zusammenfließen. Lothar de Maizière war gebeten worden, einen Vertreter seiner Regierung zum Festakt zu entsenden, um sich an diesem, in der deutschen Geschichte und für Europa außerordentlichen Ereignis mit den Schwestern und Brüdern aus Ostdeutschland verbunden zu wissen. Die Wahl fiel auf mich, da mir bereits zum Gedenken an den Volksaufstand vom 17. Juni 1953 die Ehre zuteil geworden war, in Koblenz einen Erinnerungspark mit drei Segmenten der »Berliner Mauer« einzuweihen.

Um 0 Uhr läuteten die Kirchenglocken der Stadt den »Tag der Deutschen Einheit« ein. Der mächtige Bau der Festung Ehrenbreitstein schien in den Lichtblitzen des Feuerwerks zu schweben, die Menschen lagen sich in den Armen, Freude und Dankbarkeit war allgegenwärtig – eine Ahnung von der geschichtlichen Tragweite des Geschehens, in dieser nächtlichen Stunde. Die politische Einheit Deutschlands war vollbracht! Von vielen zu Lebzeiten nicht mehr erwartet, vollendete sich das Vermächtnis aufrechter Demokraten des 19. Jahrhunderts, in Recht und Freiheit ein einiges Vaterland zu werden. Nie war es bisher in unserer Geschichte gelungen. Die Deutschen erhielten eine zweite Chance mit der Aussicht, die volle Souveränität zu erlangen. Die Regierung de Maizière hatte hart und konsequent daran gearbeitet, galt es doch den Auftrag der Wähler vom 18. März 1990 einzulösen, die Einheit Deutschlands in freier Selbstbestimmung wiederzugewinnen. Nur auf diese Weise konnte es in einer brisanten innenpolitischen Situation der herabgewirtschafteten und finanziell ruinierten DDR gelingen, die in der Friedlichen Revolution errungenen demokratischen Freiheiten zu retten.

Noch im Hochgefühl dieser glücklichen Stunde gefangen, gratulierte mir der Ministerpräsident des Bundeslandes zu dem denkwürdigen Ereignis und schloss mit der Frage, wie ich mich denn jetzt fühle, mein Staatsamt verloren zu haben, da ja die DDR untergegangen sei. Ich verhehle nicht, schockiert gewesen zu sein. Die Euphorie für den gemeinsamen Neubeginn in Würde war offensichtlich im eiskalten Geschäft der Politik rasch verflogen. Bereits fünf Minuten nach 0 Uhr hatte mich die Wirklichkeit der neuen Bundesrepublik eingeholt, zunächst mit der Marginalie, dass sich das Protokoll der Landesregierung für meine Frau und mich nicht mehr zuständig fühlte und die Ehrengäste aus der ehemaligen DDR sich selbst überließ.

In der Tat, mit der Stunde der deutschen Einheit hörte das Ministerium für Kultur wie alle Institutionen der DDR auf zu existieren. Auch die demokratisch legitimierte Leitung des Hauses, die am Einigungsvertrag mitgearbeitet hatte und jener kleine Kreis von Fachleuten, Missliebige des SED-Regimes, die sich kraftvoll in den Dienst der neuen Kulturpolitik für den demokratischen Neubeginn stellten, wurden »freigesetzt«, arbeitslos, mit würdelosen »Kettenverträgen«, kurzfristigen Bindungen, vertröstet. Diesen Verlust mussten wir, wie viele andere, als persönlichen Preis der Einheit zahlen. Auch für mich bedeutete das, meinen Platz in dieser Gesellschaft erst noch finden zu müssen. Das Sehnsuchtsbild vom anderen Deutschland, von der alten Bundesrepublik, das ich mir in Zeiten der Bedrängnis in der DDR zurechtgelegt hatte, taugte jetzt nicht mehr. Es war als Gegenentwurf zu den Nöten, Zwängen und der Enge der herrschenden Verhältnisse, die die Kommunisten als

»Reich des freundlichen Menschen« ausgaben, entstanden und mit einer Heilserwartung verbunden, die keiner Realität standhalten konnte.

Aber gegenüber den gängelnden, bevormundenden und mitunter ihren ehemaligen politischen Häftlingen umwerbenden Eingriffen der SED und ihres Repressionsapparates half es, nicht zu zerbrechen, »aufrecht zu bleiben« und inneren Widerstand zu leisten. Ich erinnere mich an verzweifelte Situationen im Berufsleben, in denen ich aus meinem Bürofenster über die »Mauer« hinweg sehnsuchtsvoll in Richtung Westen blickte, in den Tiergarten, auf die fantastische Architektur der Philharmonie – ich schöpfte aus der Einbildung Kraft, dort würde auch für mich das bessere Deutschland einstehen, wenn es nicht mehr weitergehen sollte.

Mein imaginiertes Bild von der Bundesrepublik zeigte bereits Risse bei der Gestaltung des Vertrages zur deutschen Einheit. Die Vision von Wolfgang Schäuble zu Beginn, das neue Deutschland aus den besten Erfahrungen beider Teile auf dem Verhandlungswege formen zu wollen, scheiterte schrittweise mit der Entschleierung der wahren wirtschaftlichen, finanziellen und ökologische Situation der DDR. Dieses Faktum erleichterte unsere Verhandlungsposition nicht, im Gegenteil, es musste letztlich über so unglaubliche Angelegenheiten gestritten werden, wie zum Beispiel die Anerkennung von Berufsabschlüssen der Krankenschwester und des Kraftfahrers oder des Denkmalspflegers, der in der alten Bundesrepublik unbekannt war.

Die politische Einheit Deutschlands begründete keine »Insel der Seligen«. Die Archetypen des Denkens und Handelns wirkten fort.

Ich erinnere mich an ein Schlüsselerlebnis auf einem Symposium von Germanisten in Manchester zum Thema: »Germany – one year after unity«. Einer der namhaftesten Politologen, angereist aus München und bekannt für die Ausgewogenheit seiner Meinung, referierte mit Genugtuung über den politischen Vollzug der deutschen Einheit durch den Beitritt der DDR zur Bundesrepublik Deutschland. Man hatte dem Begehren der ostdeutschen Schwestern und Brüder stattgegeben, sie in die Obhut des Grundgesetzes genommen, ihnen die D-Mark und die Marktwirtschaft geschenkt. Nun durfte man erwarten, dass sich die Neubürger den ordnungspolitischen Regularien der alten Bundesrepublik fügten, »die Ärmel aufkrempelten«, um in Deutschland zu bestehen. Den Ballast der 40-jährigen Fehlentwicklung im Osten riet der Professor schleunigst abzuwerfen. Mit Enttäuschung vernahmen es die Teilnehmer aus dem Osten, Mitglieder der Bürgerbewegung, Wissenschaftler und Publizisten, die hartnäckig darauf bestanden, in einen gemeinsamen Neuanfang in Deutschland »sich selbst einbringen zu wollen«. Sie redeten miteinander deutsch in Manchester, über einen Neubeginn in Würde, der ihrer Geschichte, ihrer Erfahrungen und Ideale und nicht zuletzt der menschlichen Zuwendung bedurfte, doch sie verstanden einander nicht. »In meinen Alpträumen stehe ich vor der geschlossenen Tür der westdeutschen Gesellschaft unter Menschen, die keinen Eintritt erhalten, obwohl sie eine Eintrittskarte vorzeigen können«, beschrieb eine Ost-Berliner Teilnehmerin ihre, unsere Ängste.

Ich begegne einer aggressiven Variante von Verständnislosigkeit gänzlich unerwartet fernab von Deutschland in Südamerika, unter Menschen, die erfahren sind im Umgang mit anderen Kulturen. Sie haben sich in den Dienst von Demokratie und Entwicklung gestellt und reden viel und durchaus mit Überzeugung von identitätsstiftenden Werten der Geschichte und der integrierenden Kraft der Kulturen. Sie suchen sich zu übertreffen in dem Bemühen, Gegenwärtiges als geschichtlich Gewordenes zu deuten, in den Erfahrungen der Vergangenheit Orientierung für eine neue Zeit in Lateinamerika zu finden.

Es macht mich betroffen, zu erleben, wie die behutsame Annäherung und der sensible Versuch des Verstehens anderer Kulturen versagt, wenn es gilt mit kulturellen Erfahrungen, Wertmustern und sozialpsychologischen Prägungen der ostdeutschen Landsleute umzugehen. Es erschreckt mich bei den jungen Leuten, die ich hier in verantwortungsvollen Positionen antreffe, die Beziehungslosigkeit zur traditionsreichen Kulturlandschaft in Ostdeutschland, der Mangel an historischem Sinn und Verständnis und das geringe Interesse, das sie den Problemen der deutschen Einheit entgegenbringen. In ihrem Alltagsbewusstsein endet Deutschland an der Elbe. Ich verstehe, was Christoph Hein meinte, als er sagte, die alte Bundesrepublik wäre mit Boris Becker viel identischer und sei es wohl immer noch als mit diesem merkwürdigen Land hinter der Elbe.

Der »Tag der Deutschen Einheit« kam über uns, einem Naturereignis ähnlich, plötzlich, unerwartet, ohne die innere Vorbereitung aufeinander, euphorische Empfindungen freisetzend mit einer gewissen Ahnung von der geschichtlichen Tragweite des Geschehens. Die Fähigkeit der Menschen, in der politischen Einheit zunächst mit gegensätzlichen Erfahrungen und tiefgreifenden Unterschieden in der Lebens- und Denkweise, in den Empfindungen und Emotionen umgehen zu können, darf nicht vorausgesetzt werden. Im Osten treffen wir auf das Selbstbewusstsein von Menschen, die eine Diktatur überwunden haben, auf eine neue, selbstbestimmte Art der politischen Kultur. Sie weigern sich, ihre Erfahrungen, ihre persönlichen Biografien, ihre Wertvorstellungen einfach abzuschreiben. Denn beides geht nicht auf im politischen und wirtschaftlichen Desaster der DDR, in der Verstrickung mit der Macht und ihrer Staatssicherheit. Es gab mit Anstand gelebtes Leben und das nicht selten. Dazu gehörte auch Sensibilität für soziale Gerechtigkeit, Solidarität und Würde, die Lothar de Maizière gleichsam als Mitgift für die Einheit angeboten hatte.

Nach einem Jahr der deutschen Einheit hatte es den Anschein, als hätten sich zwei Gesellschaften in einem Staat vereinigt. Deutlich wurde, dass die Probleme auf dem Weg zur inneren Einheit eher noch wachsen werden und der Graben zwischen den Deutschen in Ost und West, der in 40 Jahren gegenläufiger Entwicklung aufgerissen war, in absehbarer Zeit kaum zu überwinden sein wird. Beiderseits Unlustgefühle statt Verständnis füreinander, man kann mit den verschiedenen Lebenswelten, mit den tatsächlichen Unterschieden in fast allen Lebensbereichen nicht umgehen.

»Wir haben die Probleme der Vereinigung, des Zusammenwachsens, des notwendigen Kennenlernens der Deutschen in ihrer ganzen Schärfe vor einem Jahr nicht gesehen und auch nicht sehen können. Die Lebenswege der Westdeutschen und der Ostdeutschen lagen oft weiter auseinander als erhofft und angenommen«, resümierte Altbundespräsident Richard von Weizsäcker seine Erfahrungen am Ende des ersten Jahres der Einheit. Die Furcht vor Veränderungen im Westen Deutschlands ging um. Die Auffassung von einer nur quantitativen Erweiterung der alten Bundesrepublik um 16 Millionen Bürger und um einige Hunderttausend Quadratkilometer war weit verbreitet und zäh verteidigt. Das politisch so wichtige Bemühen, Verantwortung in Deutschland zu teilen, fiel den großen und kleinen Egoismen anheim, verschanzte sich hinter überkommenem Dienstrecht und Laufbahnvorschriften, die dem Neubürger kaum Chancen lassen. Betroffen fragten sich die »Beigetretenen«, was für sie bliebe vom geschichtlichen Neubeginn im geeinten Deutschland, wenn doch möglichst alles beim Alten bleiben sollte.

Im 20. Jahr der deutschen Einheit darf angenommen werden, dass der gemeinsame Weg der Deutschen für die Mehrheit der Bevölkerung als ein Gewinn und Fortschritt im persönlichen und gesellschaftlichen Leben gewertet wird. Die Fakten des

Geleisteten sind besser als die Stimmung im Land. Es ist mehr erreicht worden, als noch wahrgenommen wird, denn vieles ist bereits selbstverständlich geworden.

Wie es scheint, sind die Fähigkeiten gewachsen, mit Schwierigkeiten und Unzulänglichkeiten umzugehen, die der Anfang der deutschen Einheit brachte. Die Erfahrung hat zugenommen, Widersprüche, die zunächst nicht lösbar sind, auszuhalten und trotzdem Vertrauen zu wagen. Die Chancen von Freiheit, Rechtssicherheit und Demokratie für die persönliche Entwicklung auszuloten und zu nutzen, überwiegen gegenüber einer resignativen Haltung, sich angesichts fortbestehender Probleme auf dem Weg zur inneren Einheit in sein Schicksal einrichten zu wollen.

Wir aus dem Osten der geeinten Republik sind uns eine optimistische Lebenshaltung schuldig. Sie nährt sich vom Stolz und vom Selbstbewusstsein von Menschen, die in einer friedlichen Revolution eine Diktatur überwunden und sich selbst demokratische Verhältnisse erstritten haben.

Wenn ich mich heute, im zwanzigsten Jahr der deutschen Einheit frage, welche der Erfahrungen aus der Vielzahl von Veränderungen in dieser Zeit mich immer noch berühren und Anlass zu tiefem Dank geblieben sind, dann erscheinen mir vier Situationen gegenwärtig:

Wir haben uns den »alten Dreck« der SED-Herrschaft weitgehend »vom Halse geschaffen«. Staatliche Vormundschaft, der ideologische Krempel, das »Gespenst der Angst«, das Disziplinierte, die tägliche Suche nach versteckten Botschaften zwischen den Zeilen sind auf den »Misthaufen der Geschichte« befördert worden. Manche Absurdität der unvollendeten Revolution in der DDR ist geblieben und macht heute noch zu schaffen, wie die Zahlungen von Sonderrenten an alt gediente Repräsentanten des SED-Staates und seines Repressionsapparates.

Das »zarte Pflänzchen Demokratie« lebte auf mit der Friedlichen Revolution in der DDR. Heute gehören demokratische Freiheiten zur gelebten Wirklichkeit, sind Allgemeingut und weitgehend selbstverständlich geworden.

Der deutschen Einheit verdanke ich Begegnungen mit Menschen aus den alten Bundesländern, die mir zu Freunden geworden sind. Es war stets das lebhafte Interesse an der persönlichen Biografie des Anderen, an den jeweils verschiedenen Lebenswegen, die uns zusammenführten, und es ist der gegenseitige Respekt und die Aufmerksamkeit im Umgang miteinander, die uns verbinden. Dankbar bin ich für die zahlreichen Gesten aktiver Solidarität, die meine Freunde dem lernenden und sich in der neuen Wirklichkeit zurechttastenden Neubürger zuteil werden ließen.

Nach 28 Jahren des Reiseverbots in der DDR ging ein Traum meiner Jugend im geeinten Deutschland in Erfüllung – die mehrjährige Auslandstätigkeit in Chile. Einmalig in der Welt gelang es in Chile, eine Diktatur durch den Stimmzettel abzuwählen. Mithelfen zu dürfen, die neuen Machtverhältnisse zu festigen, demokratische Strukturen und rechtsstaatliche Verhältnisse aufzubauen und dabei eine andere Kultur zu erleben, zählen zu den glücklichsten Erfahrungen im Berufsleben und bereicherten mein Leben.

Es ist wieder zusammengekommen, was durch Sprache, Geschichte und Kultur zusammengehörte. Die durch staatliche und politische Teilung zerrissenen Kulturräume und künstlerischen Ensemble, wie die der Preußischen Schlösser und Gärten, sind wieder zusammengeführt, weitgehend von den Folgen der Vernachlässigung und Verwahrlosung befreit und in historischer Schönheit wiedererstanden. Die Begegnung mit ihnen erfüllt mich stets aufs Neue mit Freude, Stolz und Dankbarkeit.

Blütenträume reiften für mich in den zwanzig Jahren der deutschen Einheit nicht. Zurückweisung und Enttäuschungen zählen zu den Ingredienzien des neuen Lebens. Aber nie waren sie für mich mächtig genug, um das Glück der deutschen Einheit in Zweifel zu ziehen. Mein Leben in zwei gegensätzlichen Welten führt zu zwiespältigen Grenzerfahrungen, die im täglichen Bemühen, in der Freiheit zu bestehen, von Gewicht sind. Ich bin mir sicher, dass die Kinder und Enkel meinen Fragen und Problemen von heute mit heiterer Gelassenheit begegnen werden.

Wolfgang Bauer, Frankfurt am Main

Ein denkwürdiger Zufall

1992 bekam ich einen überraschenden Anruf meines Verlegers Abi Melzer aus Neu Isenburg. Ein Käufer unseres »Lexikon der Symbole« (1) habe sich gemeldet. Er möchte mit einem der Autoren sprechen. Ich rief bei der Telefonnummer an, die mir Abi gegeben hatte. Es meldete sich ein Herr Bruns in Erfurt. Er habe das Lexikon für seinen Sohn gekauft. Der habe ein Referat für die Schule zum Thema Altägypten schreiben müssen, darin sei es auch um den »Horusfalken« gegangen. Auf dem Cover des Buches sei zwar der »Horusfalke« abgebildet, im Buch und im Register sei dieses Symbol aber nicht zu finden. Ich erklärte ihm, dass in der BRD der Verleger (in diesem Fall der Lektor des heute nicht mehr selbstständig existierenden Heyne-Verlags als Lizenznehmer) bestimme, wie das Titelcover aussieht, und die Autoren die Entwürfe gar nicht zu Gesicht bekommen. Ein Bezug zum Buch müsse nicht gegeben sein. Als Autor im Westen könne man einen Vorschlag machen, habe aber keine Entscheidungsbefugnis, jeder macht eben seins ohne den anderen ... Das fand mein Gesprächspartner merkwürdig. In der DDR sei das anders gewesen. Ich drückte mein Bedauern aus, dass unser Buch nicht auch bei einem Verlag in der DDR erschienen sei, was mir unter den großzügigen Bedingungen des Miteinander- anstatt Nebeneinander-Arbeitens natürlich gut gefallen hätte.

Wie denn sein Sohn jetzt zu Informationen über Horus komme, fragte Herr Bruns – immer noch ein wenig irritiert. Ich versprach, Fotokopien von Texten aus anderen Büchern zu schicken und bat ihn, seinen Sohn mit der Bemerkung zu grüßen, dass das Lexikon schon in der 13. Auflage auf dem Markt sei und noch niemand bemerkt hätte, dass das, was draußen drauf ist, innen nicht vorkommt. Wir verblieben schließlich so: Wenn ich jemals nach Erfurt käme, sollte ich doch auf einen Kaffee in die städtische Galerie am Fischmarkt kommen. Das würde ihn sehr freuen.

Eine Woche später fragte mich ein Kollege, der Psychologe und Jugendforscher Arthur Fischer, ob ich die Woche drauf zu einem Betriebsausflug seines Instituts (Psydata Institut für Markt-, Media- und Sozialforschung) mit nach Erfurt kommen möchte. Ich sagte gern zu.

Während die Gruppe dem Restaurant zustrebte, wo die Feier stattfand, fragte ich mich zum Fischmarkt durch. In der Galerie angekommen, erwartete ich eigentlich Herrn Bruns gleich zu sehen. Ich nahm an, dass er an der Kasse sitzt und Bücher und Postkarten verkauft. Zwei Damen sprachen mich an, was mein Begehren sei. Zum Herrn Bruns wolle ich? Das sei der künstlerische Leiter des Hauses, ob ich denn angemeldet sei? Nein, sagte ich. Ein Rückruf ergab, ich solle nach oben in den zweiten Stock in sein Büro kommen.

Er war sehr überrascht, mich so schnell zu sehen. Wir sprachen über Ausstellungen zu DDR-Zeiten und Ausstellungen nach der Wende. Ich fragte, ob es denn einen Westkünstler gäbe, den er gern ausstellen würde? Ja, er habe 1989 in Hagen die fantastisch schöne Ausstellung »natural relations« des holländischen Botanikers und Künstlers herman de vries (2) gesehen und auch gerochen (de vries arbeitete u.a. auch mit Blüten, Gewürzen und Kräutern). Aber diesen bekannten Künstler hierher nach Erfurt zu bekommen, sei wohl kaum möglich. Er hatte schon mit ihm telefoniert und war um Bedenkzeit gebeten worden. Als ich Herrn Bruns sagte, ich sei mit herman gut befreundet und würde ihn gern anrufen und fragen, ob er bei ihm ausstellen wolle, war mein Gegenüber über dieses Spiel des Zufalls sehr erfreut.

Über seinen ersten Besuch im Westen erzählte er noch, dass er sich damals in Hagen gern eine schicke »Westhose« gekauft hätte. Im Kaufhaus fand er eine 200 Quadratmeter große Ausstellungsfläche vor, auf der sich ausschließlich Hosen befanden aber kein Verkäufer. Von dieser Auswahl fühlte er sich völlig erschlagen, gab sein Vorhaben auf und kaufte sich die Hose dann doch lieber in Erfurt: »Da musste ich nur zwischen zwei Hosen wählen.« Hier war das Zufallsprinzip ausgeschlossen.

Drei Jahre später, am 22. April 1995, besuchte ich in Erfurt mit Freunden die Eröffnung der Ausstellung »to be« (3), mit Arbeiten von herman de vries. Ein Musiker entlockte einem Didgeridoo tiefe erdige Töne und danach führte herman de vries uns durch die Stockwerke der Galerie. Neben Arbeiten zum Thema Zufall gab es Erdausreibungen, Bilder, die mit Kohle gemalt waren, Installationen, darunter das »verschlossene paradies«, ein Gewächshaus mit geistbewegenden Pflanzen – Drogen aus der Natur, große Schreibbilder mit Farbstiften als Werkzeug (»ocean of streams«) und Aufschüttungen mit Erde aus dem Konzentrationslager Buchenwald (4) zu sehen.

Beeindruckend fand ich, dass herman sich viele Jahre mit dem Zufall und auch mit Zufallsforschern wie Ellsworth Kelly, Alfred Nipple, Francois Morellet und Ryszard Winiarski beschäftigt und sie zum Teil auch besucht hatte. Angesichts des schier unglaublichen Zufalls, der uns alle hier so glücklich zusammenführte, fiel herman ein Satz ein, den Alfred Nipple am Ende einer seiner Arbeiten zum schwer fassbaren Wesen des Zufalls äußerte: »Egal, es ist alles ein unschuldiger Spaß!«

Oder Zufall?

Jörg-Heiko Bruns, der heute als freier Kurator und Kunst-Publizist arbeitet und den ich seit der Erfurter Begegnung öfters sowohl im Osten wie im Westen wieder getroffen habe, wünsche ich noch viele fruchtbare, spaßige und unschuldig zufällige Begegnungen jedweder Art!

(1) Wolfgang Bauer/ Irmtraud Dümotz/ Sergius Golowin, Lexikon der Symbole – Mythen, Symbole und Zeichen in Kultur, Religion, Kunst und Alltag, 2. Auflage der Taschenbuchausgabe, Heyne Verlag, München 1987

(2) herman de vries benutzt seit 1970 konsequent die Kleinschreibung, um die Hierarchisierung durch die sonst im Deutschen übliche Groß- und Kleinschreibung in Texten zu vermeiden.

(3) Vgl. den nachträglich erschienenen Ausstellungskatalog: herman de vries, texte-textarbeiten-textbilder, cantz verlag, ostfildern 1995

(4) Die Erde wurde nach der Ausstellung an die gleiche Stelle zurückgebracht.

Lothar Borbe, Rostock

Neu geboren im Jahre 1990

Diese »Geburt« hatte sich nicht unbedingt angekündigt, war von lang andauernden, teils heftigen »Wehen« begleitet.

Im Jahre 1980 musste ich meinen Abschied von der Seefahrt nehmen. Ohne mein Mitwirken und Wollen. Westverwandtschaft und »Westkontakte« zogen Streichung des Sichtvermerks und Einzug des Seefahrtsbuches nach sich. Durch »Partei und Regierung« war ich als gefährlicher Staatsfeind eingestuft. Ich durfte keine Dia-Vorträge mehr halten. Von mir sollte und durfte auch nichts mehr gedruckt werden. Meinen Namen gab es nicht mehr.

Fast zehn Jahre hatte ich mich in der Landwirtschaft »versteckt«. Aus Verzweiflung über diesen jähen Berufswechsel habe ich jeden Kontakt zu Seeleuten abgeblockt, alle Erinnerungen an die Seefahrt verdrängt.

Mein neues Leben begann im aufregenden Jahr 1989. Die Wende bescherte mir die Reanimierung meiner verschütteten »Seemanns-Gene«. Aus der Hoffnung, wieder in Ehren zur See fahren zu dürfen, blieben Rehabilitierung und Vertröstung. Zum Glück?! Gewiss – ist mir dadurch doch das raue Fahrwasser der heutigen Seefahrt erspart geblieben. Jede Niederlage hat eben auch ihr Gutes.

Ich suchte nach Möglichkeiten, mich irgendwie in die ereignisreiche neue Zeit einzubringen. Im Rostocker »Haus der Demokratie«, Ernst-Barlach-Straße 2, in dem bis vor Kurzem noch die SED-Kreisleitung Rostock-Land saß, fand ich den Demokratischen Aufbruch. Karl-Ernst Eppler, sein Rostocker Vorsitzender, war wie ich ein Seemann mit Berufsverbot. Wir kannten uns durch die gemeinsame Fahrenszeit auf Dampfer »Thälmann Pionier«.

Die engagierten Leute und das Programm zogen mich an. Ich erinnere gerne daran, dass der DA wohl als erste politische Organisation die Einheit Deutschlands in seinem Programm hatte.

In den Betrieben boten Wandzeitungen Gelegenheit, sich bemerkbar zu machen. Wenn auch nur zögerlich. Die Tageszeitungen reagierten auf eingesandte Beiträge immer noch nicht oder abschlägig.

Die Bürgerbewegung gründete eigene Zeitungen. Dazu gehörte auch die Rostocker »Revolutionszeitung« PLATTFORM. In dieser Zeitung, die in einer Auflage von ca. 50.000 Exemplaren in Rostock und Umgebung im Straßenverkauf vertrieben wurde, hatten fast alle neuen Bewegungen – von Bündnis 90 über Demokratischen Aufbruch bis Neues Forum und Vereinigte Linke – ihr Sprachrohr. Die Blockparteien wurden allgemein geächtet.

Nun konnte ich, wie unter Hochspannung arbeitend, all das nachholen, was mir in den vergangenen Jahren verwehrt worden war: Ich durfte wieder schreiben, meine Gedanken öffentlich äußern! Ich hatte wieder einen Namen.

Als sich endlich auch die »sozialistische Presse« für kritische Beiträge öffnete, hatten alle »Revolutionszeitungen« ihre Pflicht getan und verschwanden vom Zeitungsmarkt. Auch die PLATTFORM.

In den Wahlen vom 18. März 1990 siegten D-Mark und Helmut Kohl. Auf dem Gebiet der DDR wurden aus den mit der SED verbundenen Blockparteien Wahlsieger. Die meisten meiner engagierten Freunde im Demokratischen Aufbruch verweigerten das Angebot, in die CDU einzutreten, und beendeten ihr politisches Wirken. So auch ich.

Durch die Wende wurde Rostock wieder eine weltoffene Hafenstadt. Vom Flair des 800. Hamburger Hafengeburtstages beeindruckt und infiziert begannen ein paar Enthusiasten, im Sommer des Jahre 1991 in Rostock eine große internationale Segelveranstaltung zu organisieren. Grenzenlos! Aus der Idee der Rostocker »Hanse Sail« wurde ein dauernder Erfolg.

Im August 2010 feierte dieses jährliche Treffen von Traditionsseglern sein 20. Jubiläum – noch schöner, beeindruckender als in den Jahren davor. Ich durfte von Anfang an dabei sein. Karl-Ernst Eppler, der zu den Ideengebern und Organisatoren gehörte, hatte sich an mich erinnert. Seit dem Jahre 1991 gehörte ich zum Team der Hanse Sail-Organisatoren.

Durch die Hanse Sail wurde ich reaktiviert. Als »alter« Seemann wieder der Seefahrt nahe, ihr verbunden, ihr zu Diensten. Zwar nicht auf Schiffsplanken, aber an der Kaikante des Rostocker Stadthafens. Nicht mehr bedroht durch Taifun und Wellen der Biskaya, dafür aber durch oft stürmische Gegenwinde aus den Ämtern.

Ein bemerkenswerter Höhe- bzw. Glanzpunkt in »meiner« Wendezeit war der 85. Geburtstag meiner in Kalifornien lebenden Mutter im Jahre 1998. Ich fuhr mit meiner Frau. Das, was vor zehn Jahren noch unmöglich war, war jetzt Normalität!

Im Februar 2000 erhielt ich erstmals Einblick in meine Stasi-Akte.

Spannend darin, dass noch im Jahre 1989 gegen mich wegen Spionage und Zusammenarbeit mit dem US-Geheimdienst ermittelt wurde! Erst 1990 ist die Beobachtung meiner Person abgebrochen worden.

Als Rentner schließlich gelangte ich in den Genuss ausgiebiger Freizeit. Ich begann, mein bewegtes Leben aufzuschreiben. Durch den Berliner NORA Verlag fanden meine Bücher »an ELBE, MEMEL und KRAINKE«, »auf der PENNE«, »bei der MARINE« Einzug in den Buchhandel.

Meine umfangreichen Aufzeichnungen aus der Seefahrt auf MS »Berlin« hatten wegen meines Schreibverbots unberührt, aber auch unbeschadet die Jahrzehnte überdauert. Wenn sie jetzt unter dem Titel »auf OSTASIENFAHRT« als Buch vorliegen, ist das eine späte Genugtuung. Denn – erst im Jahre 2006 – habe ich alle meine Aufzeichnungen aus dem Jahre 1977 wieder hervorgeholt.

Wie ist mein persönliches Resümee nach inzwischen 76 Lebensjahren und 20 Jahren deutscher Einheit? Die Hoffnung, dass mit der politischen Wende die Welt friedlicher, gerechter und vernünftiger werden wird, hat sich leider nicht erfüllt.

Meine persönliche Bilanz allerdings ist positiv. Wir genießen die Errungenschaften einer offenen Welt. Unsere Kinder und Enkelkinder profitieren davon. Sie leben ohne politische Bevormundung. Sie erleben fremde Länder und Kulturen und Schulsysteme, die unserem zersplitterten System Vorbild sein könnten.

Wie in den vielen Jahren zuvor macht mich mein eigenes Glück aber nicht selbstzufrieden. Mich empören Ungerechtigkeit, Umweltzerstörung, Hunger, sinnlose Kriege. Mich schmerzt das scheinbare Unvermögen der Politik, auch der deutschen, Probleme zu erkennen und zu beseitigen. Dazu gesellt sich die Selbstgefälligkeit, ohne Not Jahr für Jahr neue Milliardenschulden auf den Billionen-Schuldenberg zu packen. Aber ich bin optimistisch: Jedes Problem ist lösbar. Bei gutem Willen. Diese Hoffnung bleibt!

Jörg Friedrich, Freiberg

Beständigkeit, Weltoffenheit, sinnerfüllte Arbeit

Nach meiner Ausbildungszeit an der Polizeischule Neustrelitz begann für mich im Frühjahr 1990 die Zeit im Chemnitzer Polizeirevier Ost, dem damaligen Lehrrevier der Stadt, an welchem sich alle hiesigen »jungen« Polizisten ihre ersten Sporen verdienen sollten, um anschließend in ihre »Heimatdienststellen« zurückzukehren.

Auch hier herrschte nach meinem persönlichen Empfinden eine Grundstimmung, die sich zwischen Neugier und verhaltener Euphorie, aber auch zwischen Unsicherheit und Zukunftsangst bewegte – je nach persönlichem Werdegang des Einzelnen und der Erwartungshaltung, die man mit den veränderten Umständen verband. Einige Kollegen, unabhängig vom Dienstgrad, quittierten freiwillig ihren Dienst in den Reihen der Deutschen Volkspolizei – vor wenigen Wochen noch undenkbar, jetzt aber möglich! Neue Kollegen verschiedenen Alters kamen hinzu, mitunter um nach wenigen Wochen wieder von der Bildfläche verschwunden zu sein. Der Stamm aber hielt durch und versuchte seinen Job, der so viel Neues mit sich brachte, gut zu machen. Ich hatte das erste Mal mit »richtiger« Polizeiarbeit zu tun, sah z. B. den ersten Menschen, der freiwillig aus dem Leben geschieden war, lernte den Alltag des Streifendienstes kennen, den Ladendieb und vieles mehr. Insgesamt betrachtet waren es für mich sehr erlebnisreiche und spannende Wochen. Trotz der spürbaren Verunsicherung vieler Kollegen auf der einen, und der ebenso spürbaren Erleichterung auf der anderen Seite. Neue Gesetze mussten gelernt, beachtet und umgesetzt werden, der Uniformtausch stand ebenso wie der Waffentausch an. Eine Fülle neuer Aufgaben kam hinzu, mit

Eigenverantwortung, Fingerspitzengefühl und ohne viel politisches Tamtam. Wer würde auch in der »neuen« Polizei seinen Platz finden? – Das war die alles beherrschende Frage.

Die Stadt wurde im Wahljahr 1990 mit den bekannten Slogans wie zum Beispiel »Freiheit statt Sozialismus« zuplakatiert. Heino trat das erste Mal in der Chemnitzer Stadthalle auf, ein Großereignis, auch aus polizeilicher Sicht. Vietnamesen verkauften in Unterführungen Plunder, Mode- und Kosmetikartikel und verschwanden, möglichst vor dem Auftauchen der Polizei, wieder in der Menge. Ebenso verschwanden die dreisten Hütchenspieler, deren verwerfliches Tun die Chemnitzer Bevölkerung innerhalb kürzester Zeit auf die Palme brachte. Nach anfänglichen »wendebedingten« Misstrauen gegenüber der »alten« Polizei schlug sich, meiner Meinung nach, der überwältigende Teil der Chemnitzer Bevölkerung in der Verfolgung dieser Personengruppe schnell auf die Seite der Polizei und brachte vollstes Verständnis für deren Ahndungsmaßnahmen auf. Häufig forderte sie sogar ein rigoroseres Vorgehen. Nicht für jeden von uns, der nun plötzlich »Bürger in Uniform« sein sollte, war es leicht. Fliegende Händler bevölkerten den Rathausplatz, verkauften Brauchbares und überteuerten Tand. Gelegentlich mit übertriebener Freundlichkeit gegenüber der Polizei, die neben Standkontrollen auch andere Aufgaben durchzuführen hatte. Man traute sich noch nicht so recht über den Weg, und mancher wird möglicherweise seine berechtigten Gründe dafür gehabt haben.

Eine Episode aus dieser Zeit ist mir noch besonders gut in Erinnerung geblieben:

In der Nähe des Polizeireviers befand sich ein Verkaufssalon für den Pkw Trabant. Er konnte dort sofort käuflich erworben werden, ohne jahrelange Wartezeit. An sich schon eine Sensation! Dazu kam, dass man ihn zu einem deutlich niedrigeren Preis bekam.

Diese »Sensation« führte zu einer regen Diskussion zwischen den Polizisten und war an manchen Tagen pausenfüllend. Die überwiegend autobegeisterte Belegschaft des Reviers spaltete sich in zwei Gruppen: die Gruppe der Kaufinteressierten und die Gruppe jener, die nie wieder »Ostautos« fahren wollten. Letztere bestand überwiegend aus jüngeren Kollegen, während sich in der ersten eher ältere Kollegen wiederfanden. Einige Kaufinteressierte spielten sogar mit dem Gedanken, zu diesem »Schnäppchenpreis« – diese Wortschöpfung sollte erst im Zeitalter von »Geiz ist geil« ihre volle Geltung erlangen – zwei »Trabbis« zu erwerben. Wer könne denn genau wissen, was noch komme, besser das »Man hat« als das »Man hätte«. Notfalls gibt es einen für die Enkel oder für den Weiterverkauf. Die »Ostautogegner« konnten über derlei schräge Argumentationen jedoch nur müde lächeln bzw. reagierten mit unverständlichem Kopfschütteln. Die damals allgemein gebrauchten abwertenden Formulierungen für den Trabbi machten die Runde und vereinten sich in der Kernaussage: Für ein solches Gefährt – Auto sei zu viel gesagt – gebe man nicht eine müde Mark mehr aus. Ein Trabbi-Kauf sei doch purer Blödsinn, jetzt kämen doch Fahrzeuge auf den Markt, die das Wort Auto auch wirklich verdienten. Selbst ein gebrauchtes, egal, welchen Herstellers aus dem Westen, sei besser, zuverlässiger und komfortabler als der Trabbi.

Wie dieser Meinungsstreit ausging, kann ich nicht sagen. Zwischenzeitlich endete meine zeitlich begrenzte Zeit im Lehrrevier, und ein neuer Lebensabschnitt bei der Freiberger Polizei begann. Ich denke, viele neue Trabbis wurden von den dortigen Polizisten nicht erworben, geschweige denn zwei auf einmal. Dazu war die Zeit einfach zu schnelllebig, die ersten »West-Autohändler« standen schon »Gewehr bei Fuß« und verkauften anfangs auf der »grünen Wiese« alles, was vier Räder hatte und fuhr. Ich glaube, viele von ihnen träumen heute noch von dieser Goldgräberzeit, die aufgrund der großen Nachfrage entstanden war, aber in dieser Verkaufsform nicht lange bestehen bleiben konnte.

Auch ich wurde selbstverschuldet »Opfer« des plötzlichen Überflusses, indem ich auf der noch heute so benannten Chemnitzer »Straße der Nationen« im Rahmen eines Streifenganges auf ein für mich verlockendes Angebot stieß. Ein Farbfernsehgerät letzter Baureihe aus DDR-Produktion mit einem Preisschild im Schaufenster: 4.800 DDR-Mark war dick durchgestrichen, neuer Preis: 2.400 DDR-Mark. Schnell war die Entscheidung gefallen. Am nächsten Tag war ich wieder zur Stelle. Das Modell stand immer noch im Schaufenster, 2.400 DDR-Mark durchgestrichen, neuer Preis: 1.200 DDR-Mark. Meine Sprachlosigkeit legte sich jedoch innerhalb der nächsten Stunden und verlor sich später aufgrund der relativ guten Qualität des Gerätes.

Die nächsten Freiberger Jahre von 1991–2005 sind eigentlich schnell erzählt. Hierher zurückgekehrt wartete erst einmal das Freiberger Polizeirevier auf mich. Vielfältige Veränderungen im Polizeialltag hatten bereits erste Spuren hinterlassen oder standen an. Der gute alte Golf 2 feierte neben anderen Modellen seinen zweiten Frühling bei der sächsischen Polizei, nachdem er bereits im Partnerland Baden-Württemberg zuverlässig seinen Dienst versehen hatte. Zwischenzeitlich stand ein 14-tägiger »Schnupperkurs« bei den Kollegen in Karlsruhe-Durlach an, dem ersten direkten Berührungspunkt mit den Kollegen der »anderen« Seite. Die Atmosphäre war von beiderseitiger Neugier und Offenheit getragen. Vor allem wir aus dem Osten waren interessiert am Arbeitsalltag unserer »neuen« Kollegen, sollte doch unsere Arbeit teilweise einschneidende Veränderungen erfahren.

Abends traf man sich gelegentlich privat bzw. wurde mit Sehenswürdigkeiten der Umgebung vertraut gemacht. Eine schöne Zeit. Beim Abschied schenkte man mir eine neue Polizeijacke mit dem Emblem des Bundeslandes Baden-Württemberg. Sie hängt ungenutzt noch heute in meinem Kleiderschrank und erinnert mich daran, wie alles begann.

Anfang der 90er-Jahre eröffnete sich ein bis dahin unbekanntes Phänomen. Die Regale der Kaufhallen im ländlichen Bereich waren mittlerweile auch mit den begehrten »Westprodukten« gefüllt. Die Sicherung der Gebäude stammte jedoch noch aus der DDR-Zeit und verlockte einen bestimmten Personenkreis mit unlauteren Absichten – die Aussicht auf leichte Beute.

Sogenannte »Rumänenbanden«, die nicht nur aus Rumänen bestanden, suchten diese Verkaufseinrichtungen regelmäßig im Schutze der Dunkelheit auf, anfangs häufig mehrfach monatlich, und machten mehr oder weniger reiche Beute. Der Abschnittsbevollmächtige, kurz ABV genannt, war abgeschafft, die Polizei in der Umstrukturierung und häufig im städtischen Raum gebunden. Die Gefahr, gestellt zu werden, war somit gering. Diese Zeit endete damit, dass einige Kaufhallen umsatzbedingt schließen mussten, andere sich mit neuer Sicherheitstechnik ausstatteten und die Polizei dem Tun dieser kriminellen Gruppe letztendlich ein Ende bereitete.

Ab 1995 war ich in verschiedenen Dezernaten tätig. Anfangs im Staatsschutz, dann zeitlich begrenzt in der sächsischen Soko-Rex, die über die sächsische Landesgrenze hinaus bei der Bekämpfung politisch motivierter Straftaten erfolgreich von sich reden machte.

Neue Formen der Jugendkriminalität traten zutage und bestimmten das Arbeitsleben der folgenden Jahre. Veränderungen versuchten sich oft kurzfristig auf neue Schwerpunktbereiche einzustellen und führten mich in der weiteren Folge zu neuen Einsatzgebieten innerhalb der Polizei, unter anderem auch zum Kriminaldauerdienst, kurz KDD genannt. Dieser zeichnet sich durch ein sehr vielfältiges Einsatzgebiet aus und bestimmte meine bislang letzten Arbeitsjahre in Freiberg.

Mit Beginn der Umstrukturierung der sächsischen Polizei kam es für mich und einige meiner Kollegen 2005 zu einem Arbeitsplatzwechsel. Mein neuer Einsatzort heißt seitdem Chemnitz.

Auf die letzten beiden Jahrzehnte zurückblickend, kann ich sagen, dass ich mit dem Lauf der Dinge zufrieden bin. Vor allem mit der Wiedervereinigung unseres Landes. Trotz aller Schwierigkeiten! Zu den DDR-Nostalgikern zähle ich nicht! Ebenso wenig zu den Menschen, welche die DDR pauschal als »Unrechtsstaat« bezeichnen. Vor allem dann nicht, wenn sie ihn mit der Zeit des Nationalsozialismus auf eine Stufe stellen!

Die DDR der 60er-Jahre war zeitbedingt eine vollkommen andere, als die DDR der 80er-Jahre. Im Grunde war sie ab Anfang/Mitte der 80er-Jahre für viele schon im Kapitalismus angekommen, vor allem wegen der immer weiter um sich greifenden Mangelwirtschaft und der daraus erwachsenen Unzufriedenheit, fehlenden Reisefreiheit und einer immer mehr zunehmenden Selbstbedienungsmentalität der eigenen Bevölkerung hatte sich das Bemühen der Nachkriegsgeneration auf einen gerechten und friedliebenden Staat letztlich erschöpft. Hatte doch schon »Erich« in den Achtzigern gesagt, dass aus unseren Betrieben noch vielmehr herauszuholen sei.

Aber auch die »alte« Bundesrepublik veränderte sich. Die jahrzehntelangen Leitbilder der sozialen Marktwirtschaft wankten, die Republik der Gründungsväter schwankte und war verunsichert. An die Stelle von gewohntem Wohlstandszuwachs trat Wohlstandsgläubigkeit. Das Ende der Fahnenstange schien ebenso erreicht, in der DDR aufgrund des Mangels, in der BRD aufgrund des Überflusses und fehlender Märkte.

Die »Kinderkrankheiten« scheinen überwunden zu sein, eine neue Werteausrichtung zumindest angeschoben – eher aus Einsicht in die Notwendigkeit, weniger aus innerer Überzeugung.

Ein Verdienst der Generation unserer Kinder, der 70er- und 80er-Jahre-Generation – sie haben erkannt, dass man Geld nicht essen kann. Beständigkeit, Weltoffenheit und eine sinnerfüllte Arbeit sind nicht zu ersetzen. Ich wünsche mir, dass dieses Umdenken anhält, im Interesse ihrer Kinder. Egal, welchen Beruf sie einmal ausüben werden.

Ulrich Holbein, Allmuthshausen

Vorher und nachher – Stimmungen und Kleinigkeiten

Im 3. Schuljahr bekam ich mal das Aufsatzthema: »Worüber ich traurig bin«, und schrieb alsdann recht herzergreifend:

»Ich bin traurig, weil unsere ganzen Verwandten in der Ostzone wohnen. Zwei Omas und viele Tanten und Onkels. Wir können uns gegenseitig nicht besuchen. Deshalb schicken wir Briefe und Pakete hinüber. Viele Kinder fahren in den Ferien zu ihren Verwandten, aber ich kann dies nicht. Auch von unseren Tanten und Onkels kennen wir die Jungen und Mädchen nicht. Nur manchmal schicken sie uns fotografierte Bilder, wo die ganze Familie drauf ist. Da sehen wir die Kinder, aber spielen können wir mit ihnen nicht. So ist unsere Familie immer alleine und darüber bin ich oft traurig.«

Aber kaum durften wir doch mal nach drüben, wurde uns an der Grenze unsere Reiselektüre, ein Mickymausheft, weggenommen und konnte durch die »Frösi« (»Fröhlich sein und singen«) nicht so recht ersetzt werden. Als die DDR noch »drüben« lag und Ostzone hieß – Kassel lag sehr nah am Zonenrandgebiet (ein genauso aussterbendes Wort wie Intershop und Begrüßungsgeld) –, wurde auch ich frühzeitig geprägt vom Sandmännchen, Meister Nadelöhr und Pitti Platsch, dem Lieben, die an Innigkeit von Flipper und Bonanza nicht überboten wurden und die zusammen mit DDR-Witzen als bestes Kulturerbe die gesamte DDR glorios überlebten, zusammen mit dem grünen Ampelmännchen, während dem atheistischen Väterchen Frost, einem Verlegenheits-Derivat des arg christlich belasteten Weihnachtsmanns und Christkinds, keiner eine Träne nachweinte, im Gegensatz zu den äußerst moderaten Mietpreisen und Brotpreisen.

Obwohl in dreißig oder siebzig Jahren wohl keiner mehr so recht wissen will, was DDR geheißen haben könnte – unvergessen blieben vorerst Schauergeschichten von durchstochenen Weihnachtspaketen, aus denen Mehl, Kaffee und Zucker rieselte, oder dass mein Onkel in Jena weder ans Sterbebett noch ans Grab seines Vaters in den Westen ausreisen durfte, oder Grenzkontrollanekdoten – dass meine braven, schon aus 100 Meter Entfernung extrem harmlos aussehenden Eltern bei jedem Grenzübertritt surrealerweise gefragt wurden: »Haben Sie Waffen bei sich?«, was meine bebrillte Kreuzworträtsel- und Strickzeug-Mutti ehrlicherweise mit »Nein« beantwortete, woraufhin meine kleine vorlaute Schwester auf dem Rücksitz keck ausrief: »Vergiss nicht unsere Kanonenkugel!«

Noch 1982 fuhr ich mehrmals in die DDR, um in Weimar für meine Goethe-Faust-Ikonographie in den Forschungs- und Gedenkstätten zu recherchieren, seltene Illustrationen zu suchen, schwer kopierbar, denn Copyshops gab's dort nicht – nur ein vorsintflutlich blaupausenartiges Xerox-Kopiergerät, sehr unintakt.

Ein DDR-Besuch 1986 wirkte wie eine Zeitreise zurück zu den nicht sehr farbecht hellbläulich ausgebleichten Agfa-Color-Schaufensterfotos und Schwarzweißfilmen von 1966, nein: eher 1956, wodurch ich quasi auf magische Weise in stehengebliebene, eigentlich verschollene Vergangenheiten eintauchen durfte. Als Nostalgiker kam mir dies gelegen, und die Wende mit ihrem Sanierungs- und Restaurierungsfuror wiederholte in den 90er-Jahren in Zeitlupe den plötzlichen Übergang des Deutschen Westfernsehens vom Schwarzweiß- zum Farbfernsehn 1974.

Doch je bunter und patinalos geleckter die Häuserfronten und Straßen wurden, desto weniger erschnupperte ich nostalgische Grauwerte und Duftnoten von plus-minus 1956. Der Nostalgiker in mir blieb arg auf der Strecke. Einerseits wurden viele verrußte Häuser kurz vor ihrem Zusammenfall gerettet, andererseits verwandelte sich alles auf der Basis dauerhafter Gigantbaustellen in eine Glitzer- und Fassadenwelt im präformiert mitteleuropäischen Einheitslook – Paradebeispiele meines zufälligen Erfahrungshorizonts: der Bahnhof von Leipzig oder der ganze Stadtkern von Jena.

Der ich zu DDR-Zeiten in den Tristesse-Buchhandlungen von Ilmenau, Eisenach, Erfurt, Jena und Weimar, wo ich umtauschpflichtig stapelweise Reclam-Goethe-Humanismus, Französische Revolution, sogar Apuleius von Madaura spottbillig erwarb, Opfer muffliger Händlerinnen wurde, weil keiner sich im äußerst grauen und braunkohlenabgasgeschwängerten Werktätigen-Alltag zu natürlicher zwischenmenschlicher Freundlichkeit aufschwingen wollte oder konnte, musste dann 1992 zur Leipziger Buchmesse weiterhin auf misslauniges Personal stoßen, das die Wende sozusagen verschlafen, d. h. dem die kapitalistische Marktwirtschaft immer noch nicht nahegelegt hatte, dass man zu König Kunde nett sein könnte oder sollte.

Als Öko-Denker und Technikgegner begrüßte ich es, dass 1986 und vorher wegen fehlender, qualmender oder kaputter Maschinen selten oder nie Gras gemäht wurde; inzwischen verwandelt auch dort jedermann jede Blumenwiese in den Golfrasen der omnipräsenten Frau-Saubermann-Ästhetik und des Floristik-Center-Porenbeton-Kübelpflanzen-Designs. Meine Verwandten im Eichsfeld betonten 1977, dass sie keinen Trabbi beantragt hätten, da sie kein Auto bräuchten. Heute fahren die alle Mercedes und haben auf Hochzeiten nicht nur zwei Fleischsorten, sondern ganz viele.

Als ich kurz nach der Wende in einem vollen Nachtbus zwischen Wabern und Homberg an der Efze mit Soldaten saß und einen davon fragte: »Was macht ihr denn nun, wenn's keine Feinde mehr gibt?«, antwortete der junge, sächsisch redende Soldat: »Es gibt immer Feindbilder.« Sechs km entfernt von meinem Dorf im nordhessischen Knüll stehen nun alle Kasernen leer. Von 1983 bis 1989 hörte ich es nachts in der Ferne wummern – Bundeswehrstandort Schwarzenborn. Nun donnert es nie mehr. Nachteil: Früher herrschte hier Flugverbot für Düsenjäger, wegen des Zonengrenzgebietes. Dieses Verbot wurde längst aufgehoben, aber es kommt trotzdem fast nichts vorbeigedröhnt. Der Knüll galt als eine dünnbesiedelte, touristisch unerschlossene Landschaft, alles wegen des Stichwortes »Zonenrandgebiet«. Nun liegt der Knüll mitten in Deutschland, aber Bautätigkeit ist in der allgemeinen Landflucht nicht ausgebrochen.

1986 schenkten mir meine marxistisch überzeugten Verwandten in Jena anlässlich eines Goetheabends auf Schloss Tiefurt ein Goethe- bzw. Gingkobäumchen im Topf. Meine anderen, systemkritischen Verwandten, gleichfalls in Jena wohnhaft, warnten mich aber, diese Topfpflanze würde ich nicht über die deutsch-deutsche Grenze bekommen, wegen der Handvoll Muttererde des Vaterlandes DDR im Topf. Blumensträuße hingegen dürfe man ausführen, denn da gehe keine Muttererde dem Lande verloren. So band Onkel Eckhart, seines Zeichens Biologe, den Gingko aus dem Topf heraus und wickelte den Setzling behutsam in einen normalen Blumenstrauß ein, mit dem ich dann angenehm unschikaniert die Grenze überschritt. Im Knüll setzte ich den Spross wieder in einen Topf; jahrelang wuchs der Gingko um keinen einzigen Zentimeter. Jahre später setzte ich ihn in meinem Dschungelgarten aus – er wuchs einfach nicht. Bald nach der Wende legte der Baum plötzlich zu und wuchs jedes Jahr einen Meter – inzwischen ist er ein richtiger großer Baum, der andere Bäume und Menschen alsbald problemlos überleben wird.

Klaus-Ewald Holst, Leipzig

Was wäre gewesen, wenn ...

Am Freitag, dem 7. Oktober um 15.00 Uhr wurden wir in dem VEB in Leipzig – ich war damals Abteilungsgleiter Technische Entwicklung – vom Betriebsdirektor, Parteisekretär und Kampfgruppenkommandant zusammengetrommelt. Es wurde uns Folgendes gesagt: »Genossen (Nebenbei: Wir waren zwar keine, aber man nannte uns in Versammlungen so!), am Montag, dem 9. Oktober, werden wir nicht zulassen, dass der Klassenfeind sein wüstes, bösartiges Haupt hier in Leipzig auf dem Ring erhebt. Daher haben wir zwei Forderungen an Euch: Erstens, achtet darauf, dass Eure Familienangehörigen, Eure Kinder zuhause bleiben. Und zweitens: Achtet darauf, dass Eure Mitarbeiter ebenfalls zuhause bleiben.« Ähnliches bekam man in der Leipziger Volkszeitung zu lesen, man wolle mit Waffengewalt verhindern, dass Menschen um den Ring gehen. Das eigentliche Wunder war, dass sich die Menschen trotzdem am Montag versammelten. 70.000 Menschen gingen um den Leipziger Ring herum und demonstrierten. Das hatte zur Folge, dass auch an den anderen Montagen wieder Menschen zusammenkamen – erst waren es 70.000, dann 150.000, dann 300.000. Am 17. Oktober schließlich trat Erich Honecker zurück, die DDR zerbröselte, die Macht war dahin. Das war die Entwicklung.

Wir sprechen immer vom »Mauerfall« und meinen den 9. November in Berlin. Leider wird dieser Mythos vom 9. November auch im Ausland so wahrgenommen – nach dem Motto: »Weil Herr Schabowski in die falsche Jackentasche griff, ist die Mauer gefallen.« Der 9. November in Berlin war aber das Resultat des 9. Oktober in Leipzig und der Montagsdemonstrationen.

Am 4. Dezember 1989 las ich im »Neuen Deutschland« die Nachricht: »Generaldirektor, Genosse Dr. Richter, Politbüromitglied, Generaldirektor des Gas-Kombinats Schwarze Pumpe trifft sich mit Herrn Dr. Liesen, Chef der Ruhrgas und spricht über die Zukunft der DDR-Gaswirtschaft.« Donnerwetter, dachte ich. Den einen, den Generaldirektor Richter, kannte ich, den anderen, Herrn Liesen, sollte ich später kennenlernen – Herr Liesen hat uns bei den gesamten Transformationsprozessen unglaublich geholfen.

Als ich diese Meldung gelesen hatte, dachte ich: Da will einer, der vielleicht kein schlechter Mensch ist, aber für die maroden Zustände mit verantwortlich ist, in den Westen gehen und über unsere Zukunft sprechen – das kommt nicht infrage. Das muss sich ändern, denn wir wollten nicht mehr so weitermachen wie bisher, vor allem nicht mit der damaligen Führungsetage. Leider hatten wir gar keine Kontakte, auch waren wir nach wie vor ein sozialistisches Kombinat. Zudem konnten wir uns nicht fortbewegen, weil wir keine D-Mark hatten. Theoretisch hätten wir nun endlich in den Westen reisen dürfen, aber wie denn? Für meine erste Reise in den Westen habe ich meinen Lada mit fünf 20-Liter-Kanistern Benzin voll gepackt, damit ich für die Rückfahrt versorgt bin. – Trotzdem war mir klar, wir müssen etwas unternehmen. Der Generaldirektor fuhr dauernd in den Westen, ohne uns mit einzubeziehen; er führte Gespräche mit möglichen Partnern aus dem Westen, ohne uns zu informieren – das konnte schief gehen. Da kam mir plötzlich die Idee: Es gibt doch da etwas im Westen, das sich Betriebsrat nennt. Ich habe kurz entschlossen meine Kollegen gefragt: »Wollt ihr nicht Betriebsrat sein?« »Was ist denn das?«, wollten die wisse. »Ich weiß es auch nicht so genau, aber egal! Ihr seid Betriebsrat.«

Warum habe ich den »Betriebrat« damals so sehr gebraucht? Ich war zu unserem damaligen Betriebsdirektor gegangen und hatte ihm gesagt: »Lutz, schreib dem Generaldirektor einen

Brief oder ein Fernschreiben, er soll zu uns kommen, denn wir wollen wissen, was er da im Westen macht. Wir wollen mit einbezogen werden.« Darauf mein Betriebsdirektor: »Wenn ich den anrufe, bin ich entlassen.« Das leuchtete mir ein und ich schlug ihm vor, dass ich den Brief schreibe. Darauf er: »Ja, aber dann muss ich dich entlassen!« Klar, dachte ich. Doch dann fand ich plötzlich die Lösung: Wir setzen ein Schreiben im Namen eines frisch gewählten Betriebsrats auf, da konnte keiner entlassen werden, weil keiner wusste, wer der »Betriebsrat« überhaupt ist. Das war so etwas wie die Gründungsurkunde unseres heutigen Unternehmens. In diesem Schreiben stand Folgendes: »Sehr geehrter Herr Generaldirektor, wir haben Folgendes gelesen und haben dazu viele Fragen. Kommen Sie bitte sofort zu uns und stellen Sie sich den Fragen der Belegschaft. Wenn nicht, drehen wir die Hähne zu. Unterschrift – der Betriebsrat.«

Dieses Schreiben haben wir nach Hoyerswerda an den Generaldirektor geschickt. Prompt rief er den Betriebsdirektor an: »Was ist denn bei dir los? Das ist der Klassenfeind, hat er auch schon bei dir alles übernommen?« Nicht genug damit, er kam mit seiner ganzen Kamarilla am 18. Dezember 1989 und hielt eine Rede vor versammelter Mannschaft im Speisesaal einer Baracke: »Genossen, die Zeit ist schwierig, wir müssen zusammenhalten, damit uns der westdeutsche Kapitalismus nicht übernimmt. Solidarität ist angesagt, wir werden im Übrigen von nun an alles anders machen. Es sind viele Fehler passiert, gerade auch in der Personalpolitik, aber alles wird ab sofort anders. Gibt es Fragen?« Und da saßen wir nun, wir waren das Fragen gar nicht gewohnt, keiner fragte, doch alle wussten, dass ich die Idee mit dem Betriebsrat in die Welt gesetzt hatte, sodass ich schließlich aufgestanden und ans Mikrofon gegangen bin: »Herr Generaldirektor, wenn Sie diese Rede vor drei Jahren gehalten hätten, dann wären wir Ihnen alle zu Füßen gefallen. Änderungsvorschläge, neue Personalpolitik, darüber nachdenken, was man anders und besser machen kann. Aber heute ist es zu spät. Heute haben wir nur ein Ziel, wir wollen ein eigenständiges Unternehmen (Nebenbei: Damals wussten wir nicht einmal, was eine GmbH und was eine Aktiengesellschaft ist!). Wir wollen nicht mehr in einem großen Kombinat arbeiten, wir wollen für unsere Umwelt etwas anderes machen: keine Braunkohle mehr, sondern Erdgas. Das werden wir alleine schaffen. Wenn Sie wollen, können wir miteinander Verträge machen, ansonsten wollen wir Sie hier nicht mehr sehen.« Das war der Befreiungsschlag, die Mitarbeiter jubelten und der Generaldirektor mit seiner Kamarilla war sehr schnell verschwunden.

Anlässlich eines Vortrages, den ich in München hielt, habe ich mal folgendes Szenario beschrieben: Stellen Sie sich vor, es ist Juli 1945, in München sind alle hellauf von den Amerikanern begeistert – der Krieg ist vorbei und alle freuen sich. Dann eines Morgens machen die Münchner ihre Fenster auf, denn es ist ganz laut und rumpelt heftig, und siehe da: Kleine Panje-Wagen überrumpeln die Stadt und lauter komisch uniformierte Menschen bevölkern die Straßen – was ist geschehen? Die Russen, von Wien kommend, haben München eingenommen. 50 Jahre später kommt dann jemand wie ich aus Leipzig nach München und sagt den Münchnern: »Also, was Sie hier aus diesem schönen München gemacht haben, ist eine Katastrophe! Wie heruntergekommen alles ist!«

Und genau das ist den Leipzigern passiert. Leipzig wurde von der 69. Infanteriedivision der Amerikaner befreit – das stand damals auf jedem Persilwerbeschild: 69. Infanteriedivision April 1945. Und die Menschen sind froh, dass der Krieg vorbei ist und leben auf. Zwei Monate später rumpelt es früh morgens, die Leipziger gehen ans Fenster oder machen die Tür auf und sehen, dass die Russen in ihre Stadt einmarschieren. Nach fünfzig Jahren kommen dann die Münchner und sagen den Leipzigern: »Also, wie Sie das ganze Land haben verkommen lassen, das ist ja unglaublich!« – Als ich diese Geschichte beendet hatte, war es totenstill im Münchner Vortragsraum: Der Schreck war selbst nach fünfzig Jahren da, und man fragte sich, was wäre gewesen, wenn ...

Horst Kasprzik, Cottbus

Unsere Zukunft ist die Gegenwart

Es war entsetzlich!

»Haste nischt, biste nischt!« Auch wenn ich diesen Satz, den Walters Gesprächspartner zu ihm sagte, nicht gehört hatte, aus ihren Gesten und Blicken hatte ich entnommen, dass sie über mich sprachen. Es waren etwa vierzig Gäste zu Walters 60. Geburtstag. Wir, Rena und ich, waren die einzigen Ostdeutschen auf dieser Feier in einem kleinen Städtchen am Rhein.

Mein Cousin Walter – er hatte 1952 die Lehre als Gärtner in Potsdam beendet und mich gefragt, ob ich mit ihm nach dem Westen abhaue – hatte als Mitarbeiter in einer großen Firma gut verdient, besaß ein eigenes Zweifamilienhaus mit einem großen Garten hinter dem Haus, fuhr eines der neuesten Autos und hatte seinem einzigen Sohn zur Hochzeit eine Eigentumswohnung geschenkt. Er war Jemand im Jahr 1990. Ich war zwar Dr.-Ing. für Informatik, hatte eine glückliche Ehe und eine kleine Datscha auf einem Pachtgrundstück, jedoch weder ein Zweifamilienhaus, noch ein dickes Bankkonto, geschweige denn ein bewunderungswürdiges Auto. Ich war ein Würstchen, ein Niemand, ein Nichts.

Walter und seine Frau Gisela reichten uns bei ihren Freunden herum, sie freuten sich, dass sie uns ihre abgelegte Kleidung schenken konnten. Walter mit seiner Gisela, Edith mit ihrem Kurt und Hermann mit seiner Marianne waren für uns Freunde, denen wir immer dankbar sein werden, weil sie uns auf dem Übergangsweg von einer Gesellschaftsform in die andere sehr behilflich gewesen sind. Hermann und Marianne, die, obgleich sie noch nicht das Rentenalter erreicht hatten, aus dem Arbeitsprozess ausscheiden mussten, wohnten im gleichen Ort und waren die fast elterlichen Freunde von Walter und Gisela. Wir hatten recht schnell ein kameradschaftliches Verhältnis.

An einem Abend zeigte Rena unseren Gastgebern in der Wohnküche ihre morgendlichen Sportübungen. Und weil Walter gern nachwies, dass er alles kann, schloss er sich ihr an, machte mit ihr die Waage und knallte sie dabei ungeschickt auf den gefliesten Boden. Wir alle hörten es knacken. Der rechte Arm war gebrochen.

Im Krankenhaus: »Welcher Krankenkasse gehören Sie an?« – »Der Krankenkasse der DDR!« – »Ja, aber welcher?« – »Wir haben nur eine.« – »Das kann doch nicht sein!« – Wir konnten uns nur wiederholen. Schließlich gab die Anmeldung ihr Fragen auf. Rena wurde eingewiesen.

Hermann versprach mir, ab nächstem Tag, an dem ich meine Heimreise allein antreten musste, sich um Rena zu kümmern. Hermann und ich nutzten die wenige Zeit, die uns bis zu meiner Abreise verblieb, und besprachen, wie ich meine Lehrlinge aller Lehrjahre zu einem Abschluss bringen könnte. Er war, wie ich, Vorsitzender einer Prüfungskommission und kannte sich in den gesetzlichen Bestimmungen der dualen Berufsausbildung hervorragend aus. Sein Wissen brauchte ich dringend!

Unser Rechenzentrum mit etwa 400 Beschäftigten stand kurz vor dem Zusammenbruch – so, wie viele »Volkseigenen Betriebe«. Die sozialen Bindungen brachen auseinander, der Anglerverein, die Tischtennisgruppe, die Rentnergruppe, die Beziehungen von Mensch zu Mensch im Betriebskollektiv.

Ich wurde von der Betriebsleitung beauftragt, unsere etwa 60 Lehrlinge verschiedener Lehrjahre, mit und ohne Abitur, die als Facharbeiter für Datenverarbeitung ausgebildet wurden, in eine anerkannte Ausbildung umzulenken. Den Facharbeiter für Datenverarbeitung gab es in der Bundesrepublik nicht. Unser Betrieb hatte weder das Geld noch die Ausbilder, die Lehrlinge für ein anderes Berufsbild auszubilden. Ich musste neue

Ausbildungseinrichtungen für die Lehrlinge finden und mit den Eltern der Lehrlinge darüber sprechen. Sie gingen auf die Barrikaden, erst die Väter, dann die Schüler: »Lasst Euch nicht von den Kapitalisten zertreten, zeigt ihnen die Zähne!« Solch ein unsinniger Widerstand.

»Weißt du«, sagte Herrmann nach ein paar Gläsern Weißwein, die wir auf der Terrasse seines Hauses genossen hatten, »mein Kumpel, auch ein gestandener Kämpfer in der Berufsausbildung, und ich werden für ein paar Monate zu dir kommen, um dich bei deiner Problemlösung zu unterstützen.«

»Was? Das würdet ihr tun? Das wäre für meine Lehrlinge vielleicht die Rettung!« Doch nach kurzer Überlegung: »Ich kann euch nicht bezahlen.«

Er: »Ihr braucht uns nicht zu bezahlen, unsere Kosten tragen wir selbst.«

Hoffnungsvoll, aber traurig, dass ich ohne Rena fahren musste, trat ich meine zwölfstündige Rückfahrt an – mit dem Verlangen und dem Versprechen, so bald wie möglich wiederzukommen. Bis dahin versuchte ich die Gedanken an Rena zu verdrängen. Die vielen beruflich anstehenden Probleme halfen mir dabei. Anders das Gespräch, das ich mit Renas Leiterin hatte, einer noch Genossin. Arglos erzählte ich ihr, dass ich Rena unter diesen Umständen gern zurückgelassen habe, weiß ich sie doch bei unseren Verwandten und Freunden in guten Händen und liebevoll betreut. Außerdem wäre sie mit ihrem in den Raum hineinstehenden vergipsten rechten Arm und dem Gipspanzer am Oberkörper auch gar nicht reisefähig gewesen. Die Reaktion der Leiterin, die meiner Rena in den vergangenen Jahren viele Auszeichnungen für gute Leistungen überreicht hatte, war niederschmetternd: »Es ist Ihnen wohl klar, dass sie unter diesen Umständen von unserer Gesellschaft keine Krankenbezüge erhalten wird.« Ihre politisch motivierte Reaktion hat sie nach wenigen Tagen revidiert: »Entschuldigen Sie meine Überreaktion.

Natürlich bekommt Ihre Frau ihr Krankengeld. Herzliche Genesungswünsche!« Es ist halt einfacher ein Türschild zu ändern: von »Kaderabteilung« in »Personalbüro«, als die Politik, die hinter diesen Türen in den Köpfen der Menschen betrieben wird.

Von Hermann erhielt ich einen Brief. Er sei sehr traurig, weil er nicht kommen könne. Seiner Frau gehe es furchtbar schlecht. Er schickte mir ein Paket mit wichtigen Sachbüchern und beantwortete viele Fragen, die uns das neue Leben stellte, schriftlich. Gemeinsam mit meinem Betriebsdirektor und Freund Karl-Heinz standen wir die Überleitung der Lehrlinge durch. Wir trafen auf diesem Weg einige Ausbildungseinrichtungen, die uns die Lehrlinge nur wegen des Profits abnehmen wollten. Diese mich erniedrigende Phase möchte ich nicht noch einmal erleben.

Für die Ausbildung unserer Lehrlinge hatte ich ein Computerkabinett mit den modernsten PCs in einem separaten Haus eingerichtet. Das musste ich jetzt alles verkaufen. Ich saß in meinem Büro und grübelte, wie ich die noch nicht vermittelten Lehrausbilder in andere Firmen überleiten könnte, als drei Herren, ohne anzuklopfen, in mein Zimmer stürzten. Als ich mich mit Titel vorgestellt hatte, entschuldigte sich der Wortführer für sein Verhalten. Er war ein potentieller Käufer. Ich erklärte ihm, worüber ich eben nachdachte. Darauf erwiderte er: »Lassen sie die Leute ein Jahr arbeitslos sein und die nehmen jede Arbeit an.« Für mich war das Gespräch beendet.

Das Haus und die PCs wurden wir schließlich weit unter Wert los.

Mit 56 Jahren wurde ich arbeitslos und war nun noch weniger als Niemand.

Es war an einem Samstagabend. Rena und ich waren auf unserer Datscha. Jeder las in seinem Buch. Es klopfte an der Verandatür.

Verwundert öffnete ich die Gardine und schließlich die Tür. Edith?

Wir hatten uns mindestens 30 Jahre nicht gesehen. Wir waren uns freundschaftlich sehr verbunden. Sie hatte an der gleichen Fachschule in Berlin studiert wie ich, wurde aus politischen Gründen geext, hatte geheiratet und ist mit ihrem Ehemann über Nacht abgehauen. »Drüben« ließ sie sich scheiden, war nun aber glücklich mit einem ganz hervorragenden Kaufmann, mit Kurt, verheiratet.

Nun stand sie vor mir, mit ihrem Mann, mit einer ihrer Töchter und einem befreundeten Ehepaar aus der Märkischen Schweiz, das sie gerade besucht hatten. Nachdem wir für ihr leibliches Wohl gesorgt hatten – ich hatte am Abend einen schönen Hecht gefangen – ging es mit dem Erzählen hoch her.

Das war der erste Kontakt. Sie wollten uns aus unserer Misere heraushelfen! Wir traten in einen intensiven brieflichen Kontakt. Über Silvester waren sie bei uns. Zum Silvesterabend luden sie uns in ein exklusives Restaurant ein. Dort war nichts los. Die Stadt war tot. Zu Hause entwickelte Kurt seinen Plan: Wir könnten seine Mitarbeiter werden, seine Waschmittel an Großabnehmer verkaufen. Er würde uns schulen, ein Auto zu Verfügung stellen und ein Gehalt plus Provision zahlen. Wir müssten unsere Energie einbringen und einen Lagerraum für die Waschmittel.

Hervorragend! Aber bin ich, sind wir Verkäufer?

Mein Schwager Horst war in einem Buchverlag tätig, hatte ein EDV-Wörterbuch geschrieben und mir angeboten, gegen gutes Honorar einige zu verkaufen. Obgleich ich bei den dafür möglichen Interessenten bekannt war, konnte ich nur wenige Exemplare verkaufen. Nein, ich war kein Verkäufer! Ich suchte nach einer anderen Arbeit.

Auch unsere drei Kinder versuchten schwimmend das Ufer zu erreichen. Unser ältester Sohn und unsere Tochter, beide

Hochschulabsolventen, haben es in etwa geschafft, unser Jüngster erreichte das Ufer nicht. Er schulte um vom Agrotechniker zum Maler und Lackierer, wurde Langzeitarbeitsloser und dann erwerbsunfähig und das mit 40 Jahren.

Rena war weiterhin in der Stadtverwaltung tätig.

Nach etwa einem halben Jahr vergeblicher Bemühungen bot mir ein Bekannter eine Tätigkeit als Lehrer für Kommunikation bei einer Weiterbildungseinrichtung an, die er als Leiter neu einrichtete. Wir bildeten Bürokaufleute, Steuerfachgehilfen, Banker und Gärtnergehilfen aus. Ich richtete ein Computerkabinett mit 35 Rechnern ein, ein Steuerbüro, eine Bank und eine Übungsfirma mit allen notwendigen Außenbeziehungen, installierte Banksoftware und Software für Steuergehilfen, half bei der Suche nach entsprechenden Fachlehrern. Schließlich liefen alle Ausbildungen aus, die Einrichtung wurde nach drei Jahren geschlossen. Ende meines Arbeitslebens, Altersübergangsgeld bis 31. Juni 1995, dann Altersrente. Drei Jahre später ging auch meine Liebste in Rente.

Wir haben in den vergangenen 20 Jahren sehr viel gelernt und versucht, uns den neuen Bedingungen anzupassen. Wir glauben es geschafft zu haben, ohne unsere inneren Werte aufzugeben. Meine Frau geht seit den 60er-Jahren in den gleichen, mehrfach ausgezeichneten Chor und erfreut viele Menschen mit ihrem Gesang. Ich schrieb meine Memoiren und gründete eine Gruppe schreibender Zeitzeugen. Wir beschreiben unser Leben in der DDR und möchten dazu beitragen, den Menschen im Osten eine Vergangenheit zu geben. Unser beider Zukunft ist die Gegenwart, mit über 70 Jahren ist das vertretbar. Aber unseren Kindern und Enkelkindern, allen Jugendlichen wünschen wir, dass ihre Zukunft im Osten unserer Heimat durch erfüllbare Wünsche bestimmt wird.

PS: Nach einer Aussage in der Lausitzer Rundschau vom 24.08.10 verlassen pro Jahr 12.000 Brandenburger zwischen 16 und 30 Jahren die Mark. Entsetzlich!

Erika Konrad, Blankenfelde

Ein Glücksfall

Der Herbst 1989 war aufregend, man spürte die nahenden Veränderungen fast körperlich. Im Betrieb, eine Volkseigene Großbäckerei, war eine merkwürdige »Unruhe«: Es wurde viel diskutiert, trotzdem ging jeder seiner Arbeit nach. Ich war als Ökonomische Leiterin tätig, d. h., ich war für Lohnabrechnung, Kasse, Planung, Küche, Pförtner, Reinigung usw. zuständig. Mein Mann war als Technischer Leiter angestellt. Er war für die gesamte Technik der Bäckerei verantwortlich, einschließlich des Fuhrparks. Bei der vorhandenen Mangelwirtschaft – kein einfacher Job. Die Versorgung mit Frischbackwaren hatte täglich pünktlich zu erfolgen. So wurde er manche Nacht aus dem Bett geholt, weil eine Anlage stand. Die Arbeit machte uns trotz aller Erschwernisse Spaß: Wir machten das, was wir gelernt hatten. Nach unserer Lehre als Konditor bzw. Bäcker hatten wir ein Ingenieur-Studium für Back- und Süßwaren absolviert und führten seither diese Tätigkeiten aus.

Die Zeitungen wurden spannender und die Radiosendungen und Fernsehberichte aufregender. Am 9. November 1989 – ich erinnere mich noch ganz genau – stand ich in der Küche. Im Wohnzimmer lief der Fernseher, als Günter Schabowski die entscheidende Pressemitteilung verlas. Mein Mann und ich, wir waren uns einig, dass nun alle reisen können, wohin sie wollen, aber mit Antrag. – Wir konnten schon öfter in die BRD und nach West-Berlin reisen, weil wir Verwandte im Westen hatten: Mutter, Schwester, Schwager, Onkel usw.

So sprachen wir noch ein wenig über Schabowskis Mitteilung und gingen dann schlafen. Am nächsten Morgen hörten wir in den Nachrichten, dass schon viele DDR-Bürger in

West-Berlin waren, ganz einfach so, ohne Antrag. Wir hatten die Pressemitteilung anders ausgelegt. Aber wir begriffen dann recht schnell, dass die Massen in der Nacht des 9. November das Ihre getan hatten, um die Mauer zum Einsturz zu bringen.

Aus der Bäckerei hatten schon einige Kollegen in der Nacht eine Stippvisite nach West-Berlin unternommen und erzählten uns begeistert ihre Eindrücke. Das war freitags. Wir gingen ganz normal unserer Arbeit nach, vielleicht ein wenig beschwingter als sonst, und beschlossen dann am Abend, am nächsten Tag mit unserem Wartburg nach West-Berlin zu fahren.

Samstag, nach dem Frühstück fuhren wir im Schritttempo über den Grenzübergang Mahlow. Es war ein unbeschreibliches und unvergessliches Gefühl. Wir wurden von den West-Berlinern begrüßt, wir empfanden die Fahrt wie eine große Feier: Es wurde gewunken und gelacht, dabei lief auch manch eine Freudenträne. Wir waren einfach glücklich.

Unsere Schwägerin und der Schwager waren Gewerbetreibende. Sie hatten ein Geschäft in Tempelhof und verkauften zusätzlich samstags auf dem Markt Textilien. Es war eine große Überraschung, sie dort zu überfallen. Wir wurden gleich auf dem ganzen Markt herumgereicht.

In den nächsten Tagen und Wochen fuhren wir fast täglich, nach der Arbeit, zur Mauer in der Nähe des Potsdamer Platzes. Die Mauer wurde von uns regelrecht abgetragen. Wir gehörten zu den Mauerspechten und boten den Touristen für 1,–DM Mauerstücke an; für größere war natürlich der Wert höher. Auch gaben wir gerne unseren Hammer Ausländern, die selbst Hand anlegen wollten. Es war eine aufregende Zeit!

Zuerst verkauften wir die Stücke so, wie wir sie abgeschlagen hatten, und legten sie auf die Straße. Einige Tage später nahmen wir einen Klapptisch mit, die Mauerstücke wurden vorher in der Küche mit Zertifikat versehen und mit einem Folienschweißgerät versiegelt. So lief unser kleines »Geschäft« noch besser. Inzwischen hatten wir eine schöne Summe eingenommen.

Nach jedem Verkaufsabend gingen wir zu ALDI und leisteten uns Sahne-Joghurt und Camembert, dies schmeckte uns zu Hause köstlich. Aus heutiger Sicht war es für uns der Einstieg in die Marktwirtschaft. Von dem erarbeiteten Geld konnten wir uns schon vor der Währungsunion einige Wünsche erfüllen.

Der Schritt nach vorn

In der Bäckerei lief alles so wie fast immer, die Bestellungen der Konsum- und HO-Läden wurden erfüllt. Der Umsatz stieg sogar an, denn die West-Berliner kauften dank des sehr günstigen Kurses auch einiges im Grenzgebiet ein. Dazu kam, dass kurz vor der Währungsunion auch die DDR-Bürger verstärkt Brot in die Tiefkühltruhen wandern ließen, um das schöne Westgeld für andere Dinge ausgeben zu können.

Es wurde viel diskutiert, spontane Wandzeitungen erschienen, so auch eine über uns als Mauerspechte. Das war schon etwas peinlich, wir waren schließlich leitende Angestellte.

Unser Betriebsdirektor war zu dieser Zeit Ende 50 und gesundheitlich sehr angeschlagen. Sein Arzt empfahl ihm, die Invalidenrente zu beantragen. Wir hatten ein gutes fast freundschaftliches Verhältnis zueinander. Er fragte mich, ob ich die Leitung der Bäckerei übernehmen wollte. Nach einer kurzen Rücksprache mit meinen Mann sagte ich zu. Wir waren uns einig, dass es in der damaligen Situation keine schlechte Lösung war. Eine Zustimmung durch das Kombinat war wohl nicht mehr notwendig, dort hatte man gewiss andere Probleme. So wurde ich amtierende Betriebsdirektorin.

Für meinen Mann und mich stand trotzdem die Frage im Raum: Wie soll es weitergehen? – Was aus dem Betrieb werden sollte, lag nicht nur in unseren Händen. Mein Mann plante, in unserer Garage eine Videothek einzurichten, und ich beschäftigte mich damit, ein Reisebüro in einem ehemaligen Kinderzimmer zu eröffnen. Mit dem Herzen waren wir aber immer

Bäcker und Konditor und wollten lieber in dem Bereich tätig sein, in dem wir uns kompetent fühlten.

Im Kombinat wurden Vorschläge unterbreitet, wie jeder Kombinatsbetrieb sich eventuell weiterentwickeln könnte. Uns tat sich die Möglichkeit auf, mit Schlüter Brot Berlin (West-Berlin) zu kooperieren. Gefühlsmäßig war ich damit nicht einverstanden, ich wollte nicht mehr über mich bestimmen lassen und hielt mich so weit wie möglich zurück.

Wir wandelten noch vor dem gesetzlichen Termin, im Juni 1989, den VEB Großbäckerei in eine GmbH um – so entstand die Dahlewitzer Landbäckerei GmbH. Der neue Name wurde nach einer Befragung der Belegschaft von vier Auswahlvarianten gewählt. Damit kam die Verbundenheit zur Region zum Ausdruck. Von diesem Moment an waren wir der Treuhandanstalt unterstellt, und ich wurde nach Befragung der Belegschaft als Geschäftsführerin bestellt. Zu diesem Zeitpunkt war uns die Perspektive unserer neuen Firma gar nicht klar. Über solche Themen berieten wir, mein Mann und ich, stets gemeinsam.

Es bekundeten einige Bäckereien ihr Interesse an unserer Firma; es waren immer Lieferbäckereien. Ich war sehr skeptisch und ließ keinen in den Betrieb rein, ich machte nur zwei Ausnahmen. Berater stellten sich vor und versprachen Umsatzgarantien, natürlich mit einer Beteiligung am Umsatzzuwachs. Aber dies wäre wieder eine Abhängigkeit gewesen. Ich beobachtete, dass andere ehemalige Kombinatsbetriebe zu Auslieferungslagern von westlichen Bäckereien entwickelt wurden. Das heißt, die Produktion wurde weitestgehend zurückgedreht und die zugelieferte Ware wurde an die Kunden verkauft. Wir erkannten schnell, dass es diesen Kooperationspartnern nur um den Markt ging.

Der erste Tag nach der Währungsunion war schrecklich – unsere HO-Kaufhalle in Blankenfelde, die bis zum 30. Juni 1989 ausschließlich von uns mit Brot und Brötchen beliefert wurde, war in eine SPAR-Halle umgewandelt worden: Die Regale waren voll Brot, nur leider ganz wenig aus unserer Firma. In den Regalen waren bunt verpackte Brote und Schnittbrot von Schlüterbrot West-Berlin, Harry Brot Hamburg und Wendeln Brot Westdeutschland.

Die Produktion ging auf ein Fünftel zurück. Zunächst waren wir noch bei SPAR (HO) und Konsum gelistet. Der Umsatz war gering, da wir nicht mehr Alleinlieferant wie vor der Wende waren. Das war angewandte Marktwirtschaft, die wir so noch nicht kannten. Bis zur Währungsunion waren die Bestellungen der zu beliefernden Geschäfte gleichbleibend. Jetzt musste um jede Mark Umsatz gekämpft werden.

Der Wille zu überleben, war enorm. Wir kauften zwei Verkaufsanhänger und gingen nach Ludwigsfelde, wo wir sehr viele Kunden hatten, und verkauften dort mit großem Erfolg unsere Backwaren. Des Weiteren fuhren ein Kraftfahrer und eine Verkäuferin nach Berlin auf den Alex, um dort unsere Ware an die Kunden zu bringen. Es war ein Überlebenskampf, aber keine Perspektive! Außerdem drückte man von den zuständigen Ämtern nur eine geringe Zeit ein Auge zu, denn die Hygienebestimmungen konnten nur bedingt eingehalten werden. Eine Genehmigung für den Verkauf hatten wir natürlich auch nicht. Uns wurde schnell klar, dass wir als Lieferbäcker nicht bestehen konnten.

Wir hatten dann die Möglichkeit, die Harry Brot Bäckerei in der Nähe von Hamburg zu besichtigen. Dort wurde uns klar, dass wir nicht über genügend Kapital verfügen, um so eine Produktion aufzubauen.

Die ersten Preisverhandlungen bei SPAR waren keine Verhandlungen, sondern eine einseitige Mitteilung: Wir erfuhren, was wir für unsere Backware bezahlt bekommen, und fühlten uns total abhängig. Als Lieferant an den Handel ist das heute nicht anders, aber wir wollten dieses Modell nicht.

Es folgte die schwierige Aufgabe, die Arbeitskräfte an den Umsatz anzugleichen. Fachkräfte sollten gehalten werden, einigen wurde Arbeit in den Hilfsabteilungen angeboten, z.B. in der Expedition und im Lager. Es wurde geprüft, wer in den sogenannten Vorruhestand gehen konnte. Den Verwaltungsangestellten wurde geraten, sich um andere Arbeit zu bemühen, sodass es zu verhältnismäßig wenigen Kündigungen kam.

Ungefähr vier Monate hatten wir Kontakt mit Schlüterbrot. Der Vorteil war, dass wir einen fachlichen Ansprechpartner hatten. Wir nahmen auch kleine Mengen Schnittbrot ab, um unseren Kunden ein vielfältiges Angebot anbieten zu können. Schlüterbrot hatte bei der Treuhand einen Kaufantrag zum Kauf unserer Bäckerei gestellt. Im Dezember 1990 fragte ich den damaligen Geschäftsführer direkt, ob eine Beschäftigung für meinen Mann und mich nach der Übernahme in Aussicht stünde und ob er sich eine Beteiligung vorstellen könnte. Auf diese ganz konkrete Frage erhielt ich keine eindeutige Antwort. Es war klar: Man wollte unsere Firma, aber uns nicht. Wir zogen uns dann einfach zurück, wir mussten ja nicht mit ihnen zusammenarbeiten. Auch kannten wir das Kaufangebot nicht, aber für die Treuhand war es wohl nicht sehr überzeugend.

Die Privatisierung im Juli 1991 war der Wendepunkt.

Der Weg war klar

Unser alter Kaderleiter hatte zum 1. September 1990 über 20 Lehrlinge eingestellt, die auf gar keinen Fall unter den damals herrschenden Bedingungen sinnvoll und ordnungsgemäß ausgebildet werden konnten. Ich wollte versuchen, diese jungen Menschen an andere Bäckerei zu vermitteln. Dazu hatte ich mir die Liste der West-Berliner Bäcker von der Handwerkskammer geholt und rief nun alle Bäcker an, ob sie Lehrlinge übernehmen könnten. So konnte ich einige unterbringen.

Bei dieser Aktion hatte ich auch Herrn Thoben von Thoben Kuchen am Apparat. Herr Thoben bildete zwar keine Lehrlinge aus, aber er war an einem unverbindlichen Kennenlernen interessiert. Das Telefonat war anregend und locker. Ich sagte einen Gesprächstermin in unserer Firma zu. An diesem Gespräch nahmen mein Mann, Senior sowie Junior Thoben und ich teil. Sofort waren Vertrauen und Symphatie da. Es wurde über fachliche und persönliche Dinge gesprochen. Ein weiteres Gespräch wurde vereinbart, diesmal bei Thoben Kuchen. Dort legte uns Hans Thoben (Senior) eine Absichtserklärung vor, die uns im Fall einer Privatisierung eine Beteiligung zusicherte und die Beschäftigung in der Firma, mein Mann als Betriebsleiter und ich weiterhin als Geschäftsführerin, sowie eine erfolgsorientierte Tantieme für uns beide. Als Begründung für seinen verhältnismäßig schnellen Entschluss gab er an, dass mein Mann und ich gute Fachleute wären und dies sei eine gute Basis, um eine Bäckerei zu leiten. Er selbst war gelernter Bäcker und ein sehr guter Fachmann. Heute noch orientiere ich mich an seinen Thesen, die immer goldrichtig waren und sind.

Diese Zusage war konkret und die Verhandlungen mit der Treuhand begannen – sie wurden zügig durchgeführt. Wir waren bei diesen Verhandlungen mit einbezogen und führten diese teilweise auch alleine. Im Juni 1991 wurde der Kaufvertrag bei einem Berliner Notar beurkundet. Wir waren jetzt Mitgesellschafter und hatten eine Perspektive für unsere Firma, aber auch für uns persönlich.

Zunächst war innerhalb kurzer Zeit unser Anteil am Kaufpreis fällig. Die Kreditvergabe an uns war nicht so einfach. Wir mussten erst der Bank nachweisen, dass wir kreditwürdig sind. Das heißt, wir mussten den Nachweis unserer Qualifikation erbringen, dazu reichten wir unsere Ingenieur-Urkunden ein. Im Gespräch wurde unser Alter, Mitte 40, bemängelt. Als Sicherheit hatten wir unser in den siebziger Jahren erbautes Eigenheim mit 1.900 Quadratmeter Grundstücksfläche anzubieten. Der Kommentar der Bank: Es sei ja nur ein Bungalow!

Wir hätten den durch den Kaufvertrag vereinbarten Termin zur Zahlung des Kaufpreises über die Bank nicht halten können. Somit wäre der Kaufvertrag unwirksam geworden. Herr

Thoben aber erwies sich wieder als guter Partner, indem er uns ein Darlehen zu den marktüblichen Zinsen gewährte. Nach langer Prüfung bekamen wir den Kredit von der Bank und konnten das Darlehen an Herr Thoben zurückzahlen.

Diese Privatisierung war ein Glücksfall. Es war schnell klar, dass wir unsere eigenen Produkte in eigenen Geschäften verkaufen wollten – so wie Thoben Kuchen. Ende 1991 wurde die erste Filiale in Luckenwalde eröffnet, die zweite dann in Eichwalde und so ging es weiter. Allerdings verfolgten wir keine Expansion um jeden Preis, die Lage war für uns entscheidend – eine These, die wir Herrn Thoben verdankten. Der Ausbau erfolgte aus eigenen Mittel, um eine Überschuldung zu vermeiden.

Der Weg war somit klar: Der Betrieb musste auf Marktwirtschaft umgestellt werden. Im Kaufvertrag mit der Treuhand war vereinbart, 180 Arbeitsplätze zu erhalten und den Betrieb zu sanieren, dies war natürlich auch in unserem eigenen Interesse. Mein Mann kümmerte sich um die Produktion und die Sanierung und entwickelte den Betrieb innerhalb von zwei Jahren zu einer modernen Bäckerei. Wir konnten hochwertige Backwaren in ausgezeichneter Qualität anbieten. Das spürten auch unsere Kunden, der Umsatz stieg von Jahr zu Jahr. Die Marke DAHLBACK entwickelte sich und behauptete sich auf dem Markt.

Inzwischen hatten wir eine kleine Werbeagentur gefunden, mit der wir übrigens bis heute zusammenarbeiten. Diese entwarf unser Firmenlogo und die Verpackung, die bis heute noch verwendet wird und sich als Markenzeichen durchgesetzt hat. Mit dem Ladenbau wurde ein einheitlicher Auftritt entwickelt, sodass der Wiedererkennungseffekt bei den Kunden vorhanden ist. Im Laufe von 20 Jahren wurde er jedoch dem Zeitgeschmack angepasst. Zu Beginn dominierten helle Töne mit Rot kombiniert, zum jetzigen Zeitpunkt sind dunkle Holztöne im Zusammenhang mit unserem DAHLBACK-Rot sehr wirkungsvoll.

Die Zusammenarbeit mit Thoben Kuchen basierte auf Vertrauen und Verständnis. Laut Gesellschaftervertrag waren bei Investitionen Zustimmungen einzuholen, darauf verzichtete unser Hauptgesellschafter bald. Wir konnten alle Entscheidungen eigenständig treffen und uns gleichzeitig Rat holen. Für ihn war es wichtig, dass die Zahlen am Jahresende stimmten. Wir trafen uns am Anfang monatlich zur Abstimmung mit Thobens. Bei der Verabschiedung ermutigte uns der Senior-Chef mit den Worten: »Machen Sie weiter so!« Für uns war dies natürlich ein großes Lob – und Ansporn für unsere weitere Arbeit. Wir hatten stetig eine positive Entwicklung aufzuweisen und schrieben von Anfang an schwarze Zahlen. Schon bald standen wir besser da als Thoben. Von Herrn Thobens langjährigen Erfahrungen profitierten wir natürlich sehr, es gab keine Geheimnisse untereinander. So kauften wir bei den gleichen Lieferanten ein und hatten über die größeren Mengen eine gute Position bei den Preisverhandlungen. Von Thoben übernahmen wir viele Rezepturen. Auch wurden Produkte zu fairen Preisen ausgetauscht, wobei immer auf ein gesundes Gleichgewicht geachtet wurde.

1997 trat unser Sohn, der zwischenzeitlich promoviert hatte, in die Firma ein. Mit ihm war schon in der Kaufphase vereinbart, dass er nach seiner Ausbildung in die Firma eintreten sollte – er wollte es auch. Die Nachfolge war von Beginn an durch uns festgelegt.

Der zweite Sohn hat neben einer technischen Ausbildung Musik studiert und spielt im Polizeiorchester des Landes Brandenburg Tuba. Er konnte sein Hobby zum Beruf machen. Zuerst kümmerte er sich um die EDV, die zu diesem Zeitpunkt etwas vernachlässigt worden war. Schritt für Schritt arbeitete er sich in andere Bereiche, wie Personalabteilung und Einkauf, ein. Nachdem ich 60 Jahre geworden war, wurde er in Abstimmung mit dem Hauptgesellschafter 2005 zum Geschäftsführer bestellt. Er übernahm eine gesunde in der Backwarenbranche anerkannte Firma.

Inzwischen wechselte der Hauptgesellschafter, weil Herr Thoben ernstlich erkrankt war. Leider starb er kurz nach der Transaktion. Mein Mann und ich waren weiterhin Gesellschafter und noch als Berater für die Firma tätig. Obwohl wir schon über 60 waren, machte uns die Arbeit Spaß und ging uns gut von der Hand. Wir können uns glücklich schätzen, dass wir gesundheitlich keine Probleme haben. Medikamente sind für uns noch immer fremd.

In Abstimmung mit unserem Sohn übernahmen wir bestimmte Projekte. So kauften wir 2008 von einer kleineren Bäckerei 10 Filialen hinzu. Wir übernahmen die Anpassung an unser Filialnetz, d. h. die Ladeneinrichtungen wurden überarbeitet. Das Personal musste ergänzt und eingewiesen werden. Mit Einsatzbereitschaft und Freude, auch an den Wochenenden, konnten diese Filialen kurzfristig an das Dahlback-Niveau herangeführt werden.

Ein anderes Projekt war die Kontrolle des Backens in den Filialen. Die ofenfrischen Brötchen sind das umsatzstärkste Produkt. Da der Umsatz vor zwei Jahren leicht zurückging, musste die Ursache herausgefunden werden. Mein Mann und ich kontrollierten innerhalb von zwei Wochen alle Filialen, dabei wurden alle Mängel festgehalten. Ergebnis war: Es mussten einzelne Öfen repariert bzw. alte Öfen durch neue ersetzt werden, gleichzeitig wurden die Verkäuferinnen im Umgang mit den ofenfrischen Brötchen geschult. Nach Durchsetzung aller Maßnahmen konnte bei diesem Produkt wieder eine Umsatzsteigerung verzeichnet werden.

Die Firma heute – unser Lebenswerk

Die Firma entwickelte sich kontinuierlich, sie zählt im Land Brandenburg zu den 50 größten Arbeitgebern, und in der gesamten BRD zu den 50 größten Bäckereien. Die Verpflichtungen gegenüber der Treuhand wurden innerhalb von zwei Jahren eingelöst. Die Treuhand war dann weitere fünf Jahre an dem Gewinn beteiligt.

Zum heutigen Zeitpunkt beschäftigt DAHLBACK 800 Arbeitnehmer, betreibt 130 Filialen, überwiegend im Land Brandenburg und in Berlin. Von diesen 130 Filialen sind 20 Cafés mit Sitzbereich und einer hochwertigeren Ausstattung sowie mit erweitertem Imbissangebot und Kaffeespezialitäten. Die Firma erhielt für diese Arbeit zahlreiche Auszeichnungen und Anerkennungen. Jährlich wurde ein Teil unserer Produkte von der DLG mit Gold und Silber ausgezeichnet. Wir erhielten den Preis der Besten in Bronze, Silber und Gold. Der Preis der Besten wird nur an Unternehmen mit Spitzenleistungen vergeben.

Im März 2003 wurde ich als erste Unternehmerin des Landes Brandenburg ausgezeichnet. Im gleichen Jahr erhielt ich eine »Oskarin« als erfolgreichste deutsche Unternehmerin des Jahres 2003.

In diesem Jahr wurden vier Unternehmen von der Regierung des Landes Brandenburg ausgelobt, dazu gehörte auch die Dahlewitzer Landbäckerei GmbH, kurz DAHLBACK genannt. Dies ist eine hohe Anerkennung der Leistung aller Beschäftigen und zeigt uns, dass wir auf den richtigen Weg sind.

Ein wichtiger Faktor für uns als Filialbäcker ist die Kundenbindung. Das Angebot an Backwaren ist enorm. Inzwischen gibt es in den Supermärkten Backstationen und in den größeren SB Warenhäusern, wie Kaufland und *real*, sogar Hausbäckereien. Die Tankstellen bieten rund um die Uhr, auch am Wochenende, Brötchen und ausgewählte Backwaren an. Der Kunde muss einen eindeutigen Unterschied zu diesen Anbietern bei uns in den Filialen vorfinden. Wir müssen uns täglich die Frage stellen, wie können wir die Kunden an DAHLBACK binden, warum kommt der Kunde zu uns. Die gesamte Unternehmensstrategie muss immer wieder darauf abzielen.

Am 30. Juni 2010 haben sich mein Mann und ich aus dem aktiven Geschäft zurückgezogen. Wir sind mit 66 Jahren in den Ruhestand gegangen und können mit stolz auf ein erfülltes Arbeitsleben zurückblicken. Mein Mann stellte fest, dass wir zusammen über 100 Arbeitsjahre nachweisen können.

Die letzten 20 Jahre waren für uns die ereignisreichsten, und wir konnten täglich unsere Erfolge sehen. Ein Glücksfall war, dass wir einen »Wessi« getroffen hatten, der nicht alles nur besser wissen wollte, sondern uns als Partner akzeptierte.

Dies war für uns und auch für ihn ein Glücksfall.

Wiete Lenk, Dresden

Leer-Raum

»Meine Güte«, sagt sie, »fast hatte ich es befürchtet. Dass alles hier gar kein bisschen verändert, dass alles so unglaublich unverändert geblieben ist.« Sie kneift das Lid des linken Auges zusammen und presst die Kamera viel zu dicht an das andere Auge. Sie schüttelt den Kopf. Kopfschüttelnd entfernt sie die Abdeckung und schaut erneut durch den Sucher.

»Na ja«, sie drückt auf den Auslöser, geht einige Schritte zurück, drückt wieder und wieder. Sie gibt einen Gluckser von sich und schwenkt, auf der untersten Treppenstufe verharrend, das Objektiv der Spiegelreflex wie ein zielsuchendes Panzerrohr. Das Klicken surrt durch die Stille des Hauses. Eins jener ausgeleerten Plattenbau-Exemplare, die zwanzig Jahre zuvor mit Eile und Sparsamkeit aufgestellt wurden und bis zum heutigen Tag der Abrissbirne entkommen sind.

»Wir wohnten damals im sechsten Stockwerk, das war ganz oben. Kein Fahrstuhl. Wir haben unsere Einkaufstaschen, die Stoffbeutel, Bierkästen, unseren Korb mit Kartoffeln, Karotten und Kuba-Orangen stets schnaufend und keuchend zu Fuß hoch geschleppt.« Sie zwinkert. »Kartoffeln, Karotten, Kuba-Orangen, die gab's zur Genüge. Ich weiß noch, wie wir uns in Reih und Glied aufstellten, wenn irgendwer ausrief, dass heute Bananen im Angebot seien.« Sie hängt sich das Gurtband der Kamera um den Hals.

»Bananen«, sagt sie »Die sind auch heute noch ein Klischee, eine Metapher für Mangelware.« Nur langsam steigt sie die Stufen hinauf. Die Treppe lasse sie keuchen, sagt sie. Wie damals, zu Zeiten, als noch die Mauer vorhanden, als Schießbefehl und Ausreiseversuche im Land gang und gäbe waren.

»Schrecklich.« Sie wischt sich über die Stirn. »Komm schon, die Tür ist nur angelehnt.« Sie winkt und ist in der Wohnung verschwunden.

Auch hier sei noch alles beim Alten, sagt sie, und streunt wie ein herrenloser Hund durch den Raum. Und zählt an den Fingern auf, was noch beim Alten ist:

»Die Rautenmustertapete, die selbstgebastelten Vorhangschienen, der nach Chemie stinkende Fußbodenbelag.« Sie holt Luft. »Die Plastikarmaturen in Bad und Küche, der Haken von Mutters Blumenampel.« Ihr Lächeln wirkt freudlos. »Die Blumen sind übrigens kurze Zeit nach unserer Ausreise eingegangen, verwelkt, verdorrt. Wie Mutter. Sie ist kurz darauf ebenfalls eingegangen.« Sie kauert sich nieder und deutet zur Decke.

»Für den Haken musste Vater unserer Decke mit der Bohrmaschine zu Leibe rücken ... Bohrmaschinen, die waren zu jener Zeit Mangelware. Genauso wie Badewannen, Fliesen, Tapeten. Immer mal Engpässe in der Zone, Risse in unserer Warendecke, hier und da.

Wir arrangierten uns mit dieser Tatsache, indem wir tauschten. Wir tauschten auf Teufel komm raus. Bier für Bananen, Tapeten für Bohrmaschinen.« Sie verzieht ihren Mund und lacht. »Nein, im Ernst, das lief damals so. Wir fanden es keineswegs seltsam, zwölf Flaschen Exportbier gegen eine Ladung Südfrüchte antreten zu lassen.«

Sie läuft hin und her, malt mit der Linken unsichtbare Figuren auf die Tapete, zückt ihre Kamera. »Ich muss das hier festhalten. Alles.« Fast fünfzehn Jahre, sagt sie, habe ihre Familie in dieser Wohnung gelebt: die Mutter, der Vater, der Bruder, der Bruder und sie.

»Heute hingegen ...«, sie setzt sich aufs Fensterbrett und schmiegt ihren Kopf wie ein schutzsuchendes Kind an die Scheibe. »Die Mutter gestorben, der Vater im Heim eines Wohlfahrtsverbandes, ich glaube Arbeiterwohlfahrt.« Sie lässt ihre Füße baumeln und verrät, dass einer der Brüder im

Bankwesen arbeite, der andere Bruder seit Jahren ohne Einkommen sei.

»Gewinner, Verlierer. Damals wie heute. Im Honeckerland beispielsweise half ein gewisses Abzeichen, klein wie ein Daumennagel, deine Karrierechance zu erhöhen. Das Ding funktionierte als Brandbeschleuniger.« Sie zuckt die Schultern und bettet die Kamera auf ihre Knie. »Der Bruder mit Brandbeschleuniger ist jetzt der bei der Bank.« Schmallippig berichtet sie, dass der andere Bruder immer mal bei seiner Agentur vorsprechen müsse. Der Agentur für Arbeit. Ihre Stimme klingt heiser. Sie selbst sei Fotografin geworden.

Seit Jahren fotografiere sie Landschaft und Leute. Schulklassen, Brautpaare, Babys, Blumen. Am liebsten Häuser. »Weil Häuser bleiben. Die meisten bleiben«, sagt sie und wischt sich über die Stirn. »Dickköpfige Wohnzeilen, die ihren Platz behaupten, auch wenn sie längst ihre Pflichten erfüllt und ausgedient haben.« Sie geht zur Tür. Stufe für Stufe steigt sie die Treppe hinunter.

»Nur hier, bei diesem Haus – in dieser Stadt –, hab' ich gescheut. Da habe ich Jahr um Jahr vorbeiziehen lassen, bis ich mich in seine Eingeweide wagte.« Sie bleibt stehen und dreht sich um. Blinzelnd betrachtet sie die zahlreichen Graffitis, schwarze Parolen und grellfarbene Kritzeleien, die das Betongrau der Häuser wie eine zweite Haut, eine Dornenhecke, überwuchert haben.

»Wir haben damals noch auf den Zug aufspringen können«, sagt sie leise. »Es gab noch Stehplätze. Sitzplätze gab es keine mehr.«

Regina Libert, Schwedt/Oder

Der Tolle Markgraf

Wir arbeiteten damals schon jahrelang in der Kultur. Mein Mann leitete ein Museum und ich die Abteilung Öffentlichkeitsarbeit eines Kulturhauses. Mein Alltag begann sich zu wandeln, als die dezentfarbenen Kunstplakate aus meiner Kulturhauswerbung der Großflächenwerbung der neuen Supermärkte nichts mehr entgegensetzen konnten. Unsere Besucher blieben aus und die Veranstaltungssäle leer. Dafür begann jetzt ein noch nie dagewesener Kaufrausch. Die konsumentwöhnte Bevölkerung stürzte sich auf das reichhaltige Angebot und schien sich für nichts anderes mehr zu interessieren. Wie sollte es unter diesen Bedingungen mit dem Kulturhaus weitergehen?

Die Emotionen der Kollegen brodelten im Kessel wilder Spekulationen, und wir setzten, infolge einer kleinen innerbetrieblichen Revolte, den alten Kulturchef einfach ab. Einen guten Monat später verband sich unsere Einrichtung mit dem örtlichen Theater. Nach den ersten Entlassungen änderte sich spontan das Betriebsklima, das sich nun schlagartig dem Prinzip der persönlichen Selbsterhaltung jedes Einzelnen unterordnete. Und ich staunte nicht schlecht, wie schnell sich der Mensch im Allgemeinen und der Kollege im Besonderen verändern und an neue Bedingungen anpassen kann. Die Kollegialität, in vierzig Jahren mühsam aufgebaut, platzte so schnell wie eine Seifenblase. Emsige Kollegen arrangierten sich sofort mit der neuen Macht und priesen die Marktwirtschaft in den höchsten Tönen, genauso, wie sie zuvor das Gegenteil vertreten hatten.

Die Fusion beider Kultureinrichtungen brachte viel Aufregung. Planstellen entstanden, wurden wieder gestrichen, dann hieß es, das Theater werde geschlossen, dann wieder nicht, und bei all dem Chaos reduzierte man weiterhin die Mitarbeiterzahl. Auch in meine Abteilung kam Bewegung, wir wurden in andere Abteilungen umgesetzt, aber irgendwann konnte ich mir doch meinen lang ersehnten Wunsch nach der Leitung eines bestimmten künstlerischen Bereichs erfüllen! Prozentual wurde mein Gehalt dem Westtarif angeglichen und verdoppelte sich damit automatisch. Auch für die anderen Kollegen stabilisierte sich die Situation. Ebenfalls wandelte sich unsere graue Stadt, Häuser bekamen einen auffallend farbig-freundlichen Anstrich!

In der Presse vermied man jetzt Höflichkeitsformen und Doktortitel, stattdessen tauchten immer häufiger Altersangaben der erwähnten Personen auf – sie wirkten wie Preisschilder auf mich, denn weder Alter noch Geschlecht hatten bisher in meinem Umfeld eine besondere Rolle gespielt. Galten Fachwissen oder langjährige Erfahrungen neuerdings nicht mehr?

Ich staunte auch nicht schlecht, als eine ehemalige Mitarbeiterin überraschend in die Chefetage einzog. Mit Anfang Zwanzig nutzte sie die Gunst der Stunde und hatte sich mit dem neuen westdeutschen Marketing-Berater zusammengetan. Nun war sie meine Vorgesetzte. Diese Art des beruflichen Aufstiegs kannten wir zu DDR-Zeiten nicht, Leitungsposten wurden nie ohne fachliche Qualifikationen vergeben, auch ich musste mein Studium trotz Beruf und Familie durchziehen.

Ein junger Kollege kam vom Studium in meine Abteilung zurück. Er war künstlerisch sehr begabt, und ich freute mich, mehr als es den anderen gefiel, mit ihm zu arbeiten. Doch damit geriet ich ins Kreuzfeuer der Verdächtigungen und Neider. Vielleicht hätte ich mich retten können, aber ich hatte gerade meine Autoritätshörigkeit abgelegt und wehrte mich entschieden gegen jede Intrige und Unterstellung. Schließlich fanden sich doch Gründe, meinen Vertrag nicht mehr weiter zu verlängern.

Vier Jahre nach der Wiedervereinigung saß ich auf der Straße und konnte es nicht fassen. Mein Mann nahm mich in die Arme und tröstete mich. Er riet mir, all meine Erfahrungen und Kenntnisse in einem Konzept zu vereinen. Mit diesem Konzept stellte ich mich bei verschiedenen Einrichtungen vor. Ein Verein zeigte Interesse und ließ mir freie Hand bei der Umsetzung. Es gelang mir, Räume in einem historischen Gebäude anzumieten, ich bekam vier Mitarbeiter dazu und baute binnen kurzer Zeit ein historisches Theaterprojekt auf. Unser Historienprojekt gewann an Popularität, und wir hatten großen Zulauf innerhalb der Bevölkerung, man informierte sich über »lebendige« Regionalgeschichte, brachte uns Stoffe oder historische Gegenstände vorbei. Wir bedienten ein im Osten vernachlässigtes Kapitel der Geschichte: das Preußentum!

»Der Tolle Markgraf«, so nannte ich mein Projekt, war ein Enkel des Großen Kurfürsten aus zweiter Ehe. Er musste auf die Krone verzichten, das gab viel Zündstoff für neue Texte, und innerhalb eines halben Jahres hatte ich für mein Theater bis zu siebzig ehrenamtliche Mitwirkende gewonnen. Ossis wie Wessis, die in der Stadt lebten, vereinigten sich zu einem großen Theaterspaß und zu einer sinnvollen künstlerischen Freizeitbeschäftigung! Mein Markgraf war ein Wessi aus Aalen, denn ein Ossi hätte sich freiwillig nicht zum Adligen machen lassen.

Explosionsartig entwickelte sich auch unsere Öffentlichkeitsarbeit. Meine Kollegen waren allesamt Spezialisten. Ich hatte eine Schneidermeisterin, eine Tänzerin, einen historisch interessierten Werbeleiter, einen Musiker, Texter und Komponisten, der unser Couplet verfasste, Farcen schrieb, eine Ballade dichtete, die in Leierkasten-Manier vorgetragen wurde. Nebenbei entstanden weiter Kostüme. Wir fertigten alles selber, bezogen Hüte – den Dreispitz für die Herren gewannen wir z. B. aus dem Zimmermanns-Hut. Die Menuett-Tänzer holte ich mir aus der Diskothek, köderte sie mit hübschen Mädchen. Der Zuspruch war groß. Wir hatten so viel musisches Material erarbeitet, dass daraus im zweiten Jahr ein Musical entstand. Ich schrieb den Rest des Drehbuches und entwarf das Bühnenbild. Requisiten und Ausstattung wurden wieder selbst angefertigt. Darsteller, Musiker, Tänzer, Reiter, Kutscher und Gaukler ergänzten das große Spektakel.

Hier erlebte ich meine größten Erfolge, hier probierte ich meine Ideen aus. Es war nicht das Ende, so wie ich geglaubt hatte, sondern der Anfang einer großen kreativen Phase, in die mir niemand mehr hineinredete!

Sieben Jahre konnte ich das kleine Theater halten. Doch da die Personalstellen immer wieder durch die unstete Förderung des zweiten Arbeitsmarktes unterbrochen wurden, versuchte ich mein Projekt durch neue Inhalte zu bereichern – ein slawisches Burgprojekt war konzipiert, aber wer sollte es finanzieren? Der Verein hatte kein Polster, die Stadt auch nicht, und Sponsoren in dieser Leistungsgröße gab es in unserer Region nicht; das chemische Werk und die Papierfabriken hatten an der Historie wenig Interesse. Anders als beim »Eldorado«, der Cowboy-Stadt bei Templin, die von einem Investor aus den alten Bundesländern aufgebaut wurde, versuchten sich nur Vereine in meine Idee einzuklinken, die sich selbst sanieren wollten. Das brachte nichts, und ich gab auf.

Nun wollte ich mich nur noch um mich selbst kümmern und bewarb mich auf dem ersten Arbeitsmarkt, aber der Zeitpunkt schien verpasst, es lag wohl am Alter. Trotzdem initiierte ich in einem neuen Projekt die Erarbeitung einer plattdeutschen Fibel, die auch Außenstehenden die Möglichkeit geben sollte, sich in die plattdeutsche Sprache einzufinden. Für die Fibel entwarf ich das Layout, fertigte die Grafiken an und gestaltete die Bild- und Textseiten. Sie wurde ein Erfolg, es gab eine große Nachfrage – heute noch! Danach hangelte ich mich mit mehr oder minder spannenden ABMs und finanziellen Leerzeiten über die Runden. Auch mein Mann als geschätzter Historiker verlor immer wieder seine Arbeit. Das machte mich krank. Wir hatten kein finanzielles Polster angespart, wovon auch? Für mich waren es nicht die Wessis, die uns aus dem Lot brachten, sie hatten andere Wurzeln, wussten zu wenig von uns – es waren die alten Ossis, die, in neue Parteien geordnet, uns das Leben schwer machten.

Mit Abschlägen ging ich in den Ruhestand, jetzt kann ich endlich wieder kreativ sein!

Hubert Maasch, Altranstädt

»Sich regen, bringt Segen«

Ich, Hubert Maasch, bin von der Wende nicht enttäuscht worden, ich habe gewusst, dass im Westen nicht »alles Gold ist, was glänzt«, kannte ich doch den Kapitalismus aus Erzählungen von früher, von meinen Großeltern: »Kapitalisten sind Verbrecher und Kommunisten sind Lumpen.«

Zu DDR-Zeiten hatte ich »Westkontakte« – eine Brieffreundschaft verband mich mit einem Schulkameraden, der 1981 im tiefsten Kommunismus nach einer missglückten Republikflucht abgeschoben wurde. Über ihn habe ich erfahren, dass es im Westen manchmal gar nicht so einfach ist. Er war eine Zeit lang arbeitslos, hat aber dann Fuß gefasst – ein Stehaufmännchen. Jetzt ist er glücklich verheiratet und hat ein Haus.

Nach der Wende bin ich Ergotherapeut geworden und betreue geistig behinderte Menschen. In dieser Hinsicht wird einiges in unserem Land getan. Im Dritten Reich unter Adolf Hitler wurden solche Menschen vergast, das nannte sich »Euthanasie«.

Auf Arbeit erzähle ich ab und zu Zivildienstleistenden, unseren »Zivis«, selbst erlebte NVA-Storys aus längst vergangenen Tagen. Das Leben war damals nicht ganz einfach.

Einen Bauernhof bei Leipzig nenne ich mein Eigen, ich habe ihn geerbt. Meine Familie erhielt Land zurück, das ihr früher mal gehört hatte. Ich betreibe nebenbei auch Landwirtschaft – bin also ein kleiner Kapitalist und habe mir nach der Wende einen Traktor »Deutz« aus dem Westen gekauft.

Meine Nichte bereitet mir viel Freude – sie hat einen brasilianischen Freund mit europäischen Vorfahren, die Multikulti-Globalisierung erlebe ich also hautnah.

Viele Menschen sind früher in der DDR-Gesellschaft nicht zurechtgekommen, es hieß dann meist: »Der kann nicht so, wie er gerne möchte!« Über mich urteilte man in der Berufsschule wie folgt: »Er stellt sich hohe Ziele, tritt aber zu bescheiden auf!«

Heute habe ich ein ganz anderes Auftreten, nehme mir mehr raus und fliege manches Mal in Leipzig aus der Disco raus, weil ich mich mit Türstehern anlege …

Meine Stasi-Akte kenne ich nur zum Teil. Das würde mich bloß aufregen.

Marion Magas, Hiddensee

Inselsehnsucht

Erinnerungen an unvergessene Strandpartys, quietschenden Zuckersand und Aufbrüche zu anderen Küsten

Der Fall der Mauer brachte gewollte und ungewollte Veränderungen mit sich. Ich erlebte ihn mit knapp einundzwanzig Jahren. So hatte ich viele Seiten des real existierenden Sozialismus miterlebt und bekam nun die Gelegenheit, Vergleiche anstellen zu können mit einem System, in dem Demokratie an oberster Stelle steht.

Mit dem Mauerbau 1961 entstand eine Art Inselbewusstsein, die DDR wurde für die Menschen nun zwangsläufig zum Mittelpunkt des Lebens. Dadurch etablierte sich die Grundstruktur einer Identität. Schon im Kind sollte die Liebe zu Heimat und Natur geweckt werden. Deshalb bekamen die Schüler damals die Unterrichtsstunde Heimatkunde und das blieb so bis zur politischen Wende. Der Heimatbegriff förderte ein Stückchen Erdverbundenheit zutage, mit dem sich der Einzelne aufs Engste verbunden fühlen sollte. Nicht unbedingt der Geburtsort verlieh Heimatgefühle, viele definierten mit diesem Begriff eher ihren sozialen Lebensbereich. So auch ich.

Landschaft entwickelte sich zum Ort der Sozialisation, zur Kulisse, die veränderbar war. In der Abgrenzung zu dem Deutschland auf der anderen Seite wurde es notwendig, etwas Eigenes zu schaffen. In der Inselheimat DDR entwickelte sich bei den Bewohnern entweder ein Gefühl des Zurechtkommens oder eines der Zerrissenheit. Dank der Sehnsucht meiner Mutter zum Meer, wurde die Insel Hiddensee für mich zum Domizil, in der ich eine Nische fand. Dadurch kam ich mit allen Repressalien, die ich später erfuhr, zurecht.

1968 in Sachsen geboren, kam ich im Sommer 1975, sechseinhalbjährig, auf die Insel Hiddensee. Meine Mutter hatte in Vitte eine Stelle als Lehrerin bekommen. Sie begann an der Hiddenseer Schule zu unterrichten. Das Schulgebäude bestand aus zwei Häusern. Ein altes Backsteinhaus aus der zweiten Hälfte des neunzehnten Jahrhunderts fasste fünf Klassenräume, eine Schulwohnung, ein Lehrerzimmer und ein Büro. In einem neueren Bau daneben gab es vier Unterrichtsräume. Der Toilettenanbau, die Hausmeisterwerkstatt zusammen mit den beiden anderen Gebäuden rahmten einen eher kleinen Schulhof ein, der seit den siebziger Jahren während der Pausen von rund zweihundert Hiddenseer Jungen und Mädchen bevölkert wurde. Eines davon war ich.

Meine Kindheit und Jugend verlebte ich in einem kleinen Haus in der Dünenheide. Ich besuchte zehn Jahre lang die Polytechnische Oberschule in Vitte, danach machte ich mein Abitur in der Erweiterten Oberschule in Bergen auf der Insel Rügen.

Die siebziger und achtziger Jahre erlebte ich als Heranwachsende in einem engen, politischen Umfeld, denn durch die Grenznähe zu den »anderen Küsten« wurde einem besondere Aufmerksamkeit zuteil. Meine Freunde und Bekannten von damals und heute kamen aus einem Lebensbereich, mit dem ein Hiddenseegast in seinen kurzen Urlaubstagen nicht so ohne Weiteres Tuchfühlung aufnahm, war er nun Feriengast des FDGB, des Reisebüros oder Besitzer eines der vielen Sommerhäuser in den vier Inselorten.

Meinen Studienwunsch konnte ich mir erst nach dem Fall der Mauer erfüllen, davor war es nicht erlaubt; ich erschien denen, die etwas zu bestimmen hatten, nicht konform genug zu sein. Infolgedessen begann ich mit Saisonarbeit auf Hiddensee. Der erste Umbruch in meinem Leben.

Ich arbeitete damals jeden Sommer in verschiedenen Hiddenseer Gaststätten; später, während der neunziger Jahre, auch in den Semesterferien.

Meine Freunde waren das Saisonpersonal: Verhinderte Studenten, Aussteiger, Andersdenkende, Künstler. Zu ihnen gehörten außerdem die jährlich wiederkehrenden Rettungsschwimmer, die Naturschützer und diejenigen, die sich schon eine feste Sommerstellung erworben hatten, wie Büfettiers, Kellner, Oberkellner, Wirtschaftshelfer.

Unsere Freizeit, die Abende oder Tage, die wir nach angestrengter Arbeit gemeinsam verbrachten, sei es beim Feuer am Strand oder geschützt hinter der Mole, auf Wanderungen durch das Hügelland bei der Steilküste oder beim Picknick im flachen Inselsüden, waren oft von literarischen Gesprächen begleitet, nicht allein von »geistigen Getränken«. So entstanden Freundschaften, hielten Bindungen, es gab besondere Erlebnisse mit denen, die es durch irgendeinen Zufall nach Hiddensee verschlagen hatte. Sie kamen fast jedes Jahr wieder, weil sie das Besondere der Insel schon gefunden hatten. Denn gerade die absurde Mischung zwischen angepasst und ausgestiegen, zwischen privilegiert und »asylsuchend« barg in der DDR im Allgemeinen und auf dem überschaubaren Areal der Insel im Besonderen eine groteske Seite. Auf Hiddensee existierten Kunst und Politik ohne folgenschwere Konsequenzen nebeneinander. Hier herrschte über die Jahre ein intellektuelles Klima – egal, wo man hinschaute. Beispielsweise suchte das Saisonpersonal den Umgang mit kritischen Künstlern. Und in den Gesprächen spielten literarische Vergleiche immer eine große Rolle, denn es wurde viel gelesen und über Bücher geredet in der abgeschotteten, eingemauerten, kleinen Welt.

Manche flohen einfach aus dem Alltag, vor der Gleichförmigkeit in die Saisonarbeit an die Ostseeküste; einige aber auch, weil sie als pazifistisch Gesinnte nicht zur Armee gehen wollten und so den Einberufungsbefehl hinausschoben.

Treffen wir uns heute, gut zwanzig Jahre nach dem Mauerfall, erinnern wir uns der unvorhersehbaren Begegnungen, der zufälligen Bekanntschaften, der gemeinsamen Erlebnisse sowie der vielen verschiedenen Lebenswege, die sich auf Hiddensee kreuzten und kreuzen.

Wie jedes Jahr verbrachten auch Ende August 1989 einige Saisonkräfte (ich befand mich unter ihnen) manche freien Tage auf dem nördlich gelegenen Bessin. Das ist von der Steilküste angeschwemmtes Land, welches sich im oberen Bereich der Insel anlagert und sich jährlich ein wenig verändert. Nach einem fantastischen Sonnenuntergang beendeten wir den Tag in der Gastwirtschaft »Enddorn« in Grieben, dem damals einzigen Lokal des nördlichsten Dorfes. Wie immer stellten wir unsere Fahrräder unverschlossen vor der Kneipe ab.

Obwohl zu jener Zeit die Gaststätten 22.00 Uhr Ausschankschluss machten, verließen wir diese meist erst nach Mitternacht, und zwar gut gelaunt. Das Lachen verging uns jedoch schnell, denn drei unserer Fahrräder fehlten. Das war insofern fatal, weil wir noch das andere Ende der Insel erreichen mussten, um in unsere Betten fallen zu können. Mit einer flüssigen »Wegzehrung« legten wir die knapp zehn Kilometer zu Fuß zurück.

Normalerweise fand man seinen Drahtesel am nächsten Tag an exponierter Stelle wieder, weil sich häufig ein großer Ringtausch ereignete. In der Menge der Fahrräder entdeckte der »Dieb« sein eigenes nicht, weil er dem Alkohol etwas mehr zugesprochen hatte. So borgte er sich ein anderes aus.

Die »Bestohlenen« benutzten das übrig gebliebene und brachten es anderntags auch zum bekannten Platz. Wir jedoch verließen als letzte das Lokal und konnten uns an diesem Tauschgeschäft nicht mehr beteiligen. Unsere drei Fahrräder blieben wie vom Erdboden verschluckt.

Im Sommer darauf gab es schon spezielle Fahrradschlösser; die drohende Einberufung zur Armee war längst vergessen, ich wurde im Herbst 1991 an der Humboldt-Universität zu Berlin immatrikuliert, schloss das Studium der Germanistik & Theaterwissenschaften mit dem Magister ab und konnte mich im Mai 2006 als freischaffende Autorin selbstständig machen.

Zudem befriedigte ich meine Inselsehnsüchte nun in größerem Radius. Die Welt war für die ehemaligen DDR-Bürger ja inzwischen größer geworden. Einige der Neuankömmlinge aus den alten Bundesländern machten uns neugierig; wir wollten auch ein bisschen hinausziehen und uns umsehen. Trotzdem genossen wir es nach wie vor, nach dem Dienst im »Enddorn« das Nötigste (Schlafsäcke, Trinkwasser, Rotwein, Brot, Knoblauch und ein bisschen Obst) einzupacken und uns auf den Bessin mit seinem weichen, weißen Zuckersand oder an die Steilküste zurückzuziehen. Wir zündeten ein kleines Feuerchen an, blickten gebannt aufs Meer, schmiedeten Zukunftspläne, erinnerten uns gemeinsam bestandener Abenteuer und kehrten erst am nächsten Tag, kurz vor Dienstbeginn, in die »Zivilisation« zurück. Nach dieser Saison eroberten sich meine Freundin als Thüringer Pflanze und ich als Inselkind gemeinsam die Ostküste Kanadas. Das klappte so gut, dass wir im Frühjahr darauf, mit Zeltausrüstung gewappnet, nach Kalifornien aufbrachen und die dortige Region gründlich in Augenschein nahmen. Spätestens zu diesem Zeitpunkt war unser Fernweh aus den Tiefen des Unterbewusstseins hervorgebrochen. Wir machten noch einige erträumte, exotische Reiseziele wahr, besuchten Asien, Neuseeland, die Südsee, kehrten aber auch immer wieder zurück auf die kleine Ostseeinsel, die uns beide so geprägt hatte. Gemeinsam mit meinem Partner erfüllte ich mir den Traum vom Besuch einiger Südseeinseln. Ohne es begründen zu können, brannten wir beide darauf, das andere Ende der Welt kennenzulernen. Vielleicht, weil es hauptsächlich aus Inseln besteht. Der Aufbruch zu anderen Küsten gab mir eine Vorstellung von Freiheitsgefühl, obwohl auf Hiddensee in gewisser Weise immer ein bisschen mehr Gedankenfreiheit herrschte als im Rest der Republik. Wenn die DDR eine Art Inselbewusstsein hervorrief, vermittelt mir die Insel Hiddensee ein Gefühl für Weite und ein Bewusstsein dafür, was wichtig und was unwichtig ist im Bewältigen des Alltages. Die Existenz als freischaffende Autorin ist eine schwierige Aufgabe, aber ich bin zufrieden, dass ich diesen Weg einschlagen konnte.

Florian Mausbach, Berlin

Eins und eins ist eins

Es war einmal ein ehrgeiziger König. Der ließ seinen Hofarchitekten rufen und zeigte ihm ein großes Grundstück in der Nähe seines Schlosses. »Baue mir hier«, sprach der König, »in der Mitte der Hauptstadt eine große Schatzkammer, in der das Wissen des ganzen Reiches gesammelt werde.« Und so errichtete der Hofarchitekt einen Palast der Wissenschaft, so groß, wie ihn die Welt kaum gesehen hatte.

Von der Feststraße des Reiches trat man ein durch einen Säulenportikus und eine Torhalle in einen efeuberankten Brunnenhof. Eine breite Freitreppe unter einem Tonnengewölbe führte hinauf zu einem prächtigen Vestibül. Hier öffnete sich dem sprachlosen Besucher eine große Schwingtür zum Mittelpunkt und Höhepunkt des Palastes, dem gewaltigen Rund des Kuppellesesaals, der auf acht mächtigen Pfeilern ruhte.

Doch der Ehrgeiz des Königs brachte Unfrieden über das Land und seine Nachbarn. Und noch größeres Unheil folgte. Erst brannten Bücher, dann Menschen. Am Ende war auch die Schatzkammer des Geistes zerstört und die große Kuppel eingestürzt.

Das Reich wurde geteilt und die Hauptstadt durch eine hohe Mauer in zwei Hälften getrennt. Leid und Unheil hatten die Menschen erschüttert und in beiden Teilen des Landes den Wunsch geweckt, aus den Ruinen eine bessere Welt aufzubauen.

Die Schätze des Wissens waren in alle Winde zerstreut. Sie wurden nun gesondert in West und Ost gesammelt. Die Schatzhüter im Osten richteten Teile des Palastes notdürftig wieder her. Im Westen, auf der anderen Seite der Mauer, wurde eine neue Schatzkammer des Wissens durch die Hand eines berühmten Zeltbaumeisters errichtet.

Als Gott sah, wie die Menschen sich um Besserung mühten, war er gerührt. Ein Wunder geschah. Die trennende Mauer wurde niedergerissen und die Menschen aus Ost und West umarmten sich. Auch die Hüter der Schatzhäuser des Wissens. Sie gelobten, die Schätze der Weisheit fortan gemeinsam zu sammeln und in beiden Schatzkammern sicher aufzubewahren. Eins und eins ist eins, hieß das Gelöbnis. Und man machte sich gemeinsam ans Werk. So schien alles ein gutes Ende zu finden.

Doch als man daran ging, den alten Palast des Wissens wieder aufzubauen, traten Zauderer auf und Zauberer. Ein Zauberer und Rechenkünstler hob mahnend den Finger und sprach: »Eins und eins ist zwei. Und eins ist zwei weniger eins.« Und er schwang seinen Zauber- und Rechenstab und wollte mit seinem Zauberspruch den alten Wissenspalast vom Erdboden vertilgen. Da aber erhoben sich alle Schatzhüter des Wissens in Ost und West, in Nord und Süd und versammelten sich im großen Festsaal des Palastes der Weisheit. Und sie stellten allesamt die Frage: »Soll das Märchen so enden?«

Die Staatsbibliothek zu Berlin ist heute die größte Universalbibliothek Deutschlands. Sie bietet ihre wertvollen Sammlungen in zwei Häusern an, die neuzeitlichen Bestände in der Staatsbibliothek am Kulturforum, die historischen Bestände in der Staatsbibliothek Unter den Linden.

Im Westteil der Stadt wurde nach dem Bau der Berliner Mauer von 1967 bis 1978 die moderne Bibliothek mit ihrer offenen Leselandschaft nach Plänen des Architekten Hans Scharoun errichtet.

Die Staatsbibliothek Unter den Linden entstand als größtes historisches Gebäude in Berlins Mitte nach Plänen des Hofarchitekten Ernst von Ihne von 1903 bis 1914. Der neobarocke Repräsentationsbau, dessen vier äußere Geschosse ein bis zu

16 Geschosse hohes stählernes Bücherregal umhüllen, öffnet sich dem Besucher im Innern in einer dramatisch inszenierten monumentalen Raumfolge. Deren Höhepunkt, der große Kuppellesesaal, wurde im zweiten Weltkrieg zerstört, seine Reste abgerissen und in den 80er-Jahren des letzten Jahrhunderts durch vier Büchersilos aus Beton ersetzt. Heute wird nach dem Rückbau der Betonsilos das gesamte Bauwerk bei laufendem Bibliotheksbetrieb erneuert, neu gegründet und um unterirdische Magazine erweitert. Ein neuer zentraler Lesesaal, von einem Glaskubus gekrönt, soll dem wilhelminischen Bau ein aufklärerisches Licht aufsetzen.

Es war der Einigungsvertrag von 1990, der die durch die Nachkriegsereignisse getrennten Teile der ehemals staatlichen preußischen Sammlungen in Berlin unter dem Dach der Stiftung Preußischer Kulturbesitz wieder zusammenführte. Als aber die Bundesbaudirektion Mitte der 90er-Jahre daran ging, den Wiederaufbau der Staatsbibliothek ins Werk zu setzen, da gebot der Bundesrechnungshof Einhalt und stellte die Notwendigkeit und weitere Existenz des Hauses Unter den Linden in Frage. Dies rief die »Freunde der Staatsbibliothek« und die »Historische Kommission zu Berlin« auf den Plan. Ein Kolloquium am 11. Juni 1997 im Festsaal der Staatsbibliothek Unter den Linden machte die historische und künftige Bedeutung der wissenschaftlichen Einrichtung und des Bauwerks deutlich. Mit Erfolg! Der Präsident der Bundesbaudirektion eröffnete damals seinen baulichen Zustandsbericht mit dem Märchen »Eins und eins ist eins«.

Markus Meckel, Berlin

Freiheit in Verantwortung

Es sind nun mehr als zwei Jahrzehnte, in denen wir auf die großen Umbrüche in Deutschland und Europa vor 20 Jahren zurückblicken. Die Friedliche Revolution von 1989 und der von ihr ermöglichte Prozess zur deutschen Einheit fanden am 3. Oktober 1990 ihren erfolgreichen Abschluss. Wir Deutschen aus Ost und West waren wieder in einem Staat geeint. Dass wir dies vor 20 Jahren erleben durften, kann ich nur ein Geschenk nennen, ist doch gleichzeitig zu bedenken, dass wir vor 71 Jahren den Zweiten Weltkrieg begannen, in welchem wir Terror und Schrecken über ganz Europa brachten. Niemand konnte nach 1945 und in den Jahrzehnten des Kalten Krieges davon ausgehen, dass wir in einer friedlichen, gewaltfreien Revolution die Freiheit und mit der Anerkennung unserer Nachbarn auch wieder die deutsche Einheit erlangen würden.

Wir sollten darüber immer wieder dankbar sein und uns an diesem Glück freuen!

Gleichzeitig sind wir bis heute offensichtlich das Volk in Europa, das sich selbst am wenigsten kennt. Denn die Perspektiven auf die Ereignisse von damals sind noch sehr verschieden. Wir werden wohl noch viel miteinander zu reden haben, um die Erfahrungen des anderen kennenlernen und verstehen zu können. Dabei setzt sich vielleicht auch langsam die Erkenntnis durch, dass die DDR-Geschichte bis zur Vereinigung vor 20 Jahren nicht nur ein ostdeutsches Regionalgeschehen war, sondern Teil der gemeinsamen deutschen Nachkriegsgeschichte.

Vor 20 Jahren wurde Wirklichkeit, was die meisten Deutschen – auch wenn sie es wünschten – nicht mehr glaubten, selbst erleben zu können. Jeder kann Geschichten aus dieser bewegten Zeit erzählen, in welcher uns allen so viel Neues widerfahren ist.

Vier Aspekte möchte ich hervorheben:

1. Der Mauerfall als Symbol für das Ende des Kalten Krieges ist der Höhepunkt einer mitteleuropäischen Revolution, so wie der »Sturm auf die Bastille« zum Symbol für die Französische Revolution wurde.

Jeder, der es erlebt hat, hat wohl für immer die Bilder vom 9. November 1989 im Kopf. Vielleicht erinnern Sie sich aber auch an die Bilder und Nachrichten vom 9. Oktober, einen Monat davor. 70.000 Menschen demonstrierten damals auf dem Leipziger Ring. Ich habe diesen Tag mit einigen Tausend Demonstranten am Magdeburger Dom erlebt. Die bewaffneten Betriebskampfgruppen standen angriffsbereit unterhalb des Domes an der Elbe. Als an diesem Tag schließlich nicht geschossen wurde, waren wir siegessicher: Es wird uns gelingen, eine Demokratie zu schaffen! Alles Weitere, wie die Frage der Mauer und der deutschen Teilung, sollte danach Thema sein. Denn natürlich war uns völlig klar: Mit zwei demokratischen deutschen Staaten und dem Fall des Kommunismus im Osten war diese Mauer nur noch eine Zeitfrage! Doch erst das Eine, dann das Andere, so glaubten wir vor dem 9. November.

In diesen Wochen arbeiteten wir fieberhaft. Dabei war der Druck der Massen auf den Straßen von zentraler Bedeutung. Nur durch sie wurden die neuen demokratischen Bewegungen und Parteien von der SED ernst genommen. Die SED beschloss in ihrer Hilflosigkeit ein Reisegesetz und glaubte, damit für sich irgendetwas zu retten. Durch das Missverständnis einer Pressekonferenz gingen Tausende zur Grenze und drückten die Mauer von innen auf. Es wurde nicht geschossen, weil das in den Wochen vorher bei den Großdemonstrationen auch schon so war.

Die Mauer ist gefallen, überrannt von den Massen, gefallen in einer friedlichen Revolution. Diese Friedliche Revolution aber gehört in den Kontext dessen, was vorher schon in Polen geschah und in Ungarn – und kurz darauf in der Tschechoslowakei. Gerade in Polen und Ungarn waren in den Monaten zuvor die Freiräume, die durch die Politik Gorbatschows entstanden waren, genutzt, getestet und ausgeweitet worden.

Der Mauerfall wurde das, was in der Französischen Revolution der Sturm auf die Bastille war – das Symbol ihres Sieges, des Sieges einer mitteleuropäischen Revolution. Damit wurde nicht nur die kommunistische Diktatur hinweggefegt, sondern auch die Tür zur Einheit aufgeschlagen – zuerst für uns Deutsche, dann aber auch für das Zusammenwachsen Europas in einer erweiterten, oder besser, in einer sich vervollständigenden Europäischen Union.

Deshalb gehören in meinen Augen auch die mitteleuropäischen Partner gewissermaßen als selbstverständliche Teilnehmer und Gäste auf jede Feier zum Gedenken des Mauerfalls!

2. Freiheit in Verantwortung

Sie werden sich daran erinnern, dass die SED die Mauer »antifaschistischen Schutzwall« nannte. Dies verdrehte natürlich die Realitäten, denn sie wehrte ja niemanden von außen ab (von außen konnte sie bemalt werden!). Sie hielt die eigenen Bürger gefangen. Diese Formulierung weist aber auf ein grundlegendes Selbstverständnis der SED hin: Es macht deutlich, dass für die SED Westdeutschland die Verantwortung für die Folgen des Nationalsozialismus zu tragen hatte, sie selbst sah sich, sah die DDR an der Seite der ruhmreichen Sowjetunion, frei von Schuld und Verantwortung. Vor diesem Hintergrund gab es in der DDR trotz des ideologischen Antifaschismus eben keine Auseinandersetzung mit dem Nationalsozialismus als EIGENER Verantwortung.

Ich bin nun überzeugt, dass die zwar immer wieder strittige, aber ernsthafte Aufarbeitung des Nationalsozialismus in der westdeutschen Gesellschaft ganz wesentlich zu jenem internationalen Vertrauen beigetragen hat, welches die Bundesrepublik sich im Laufe der Jahre erworben hat. Dies war dann in meinen Augen auch eine zentrale Voraussetzung für die internationale Akzeptanz der deutschen Vereinigung.

Wir waren uns damals bewusst, dass zur Freiheit Verantwortung gehört und stellten uns in der ersten Sitzung der frei gewählten Volkskammer mit einer Erklärung in eben diese, uns als Deutsche aus unserer Geschichte erwachsenden Verantwortung. Das war für uns keine leere Floskel, sondern hatte politische Folgen.

So traten wir für die bedingungslose und endgültige Anerkennung der polnischen Westgrenze als Folge des 2. Weltkriegs ein. Das lange Lavieren Helmut Kohls in dieser Frage hielten wir für unakzeptabel und auch für falsch, vom »Preis für die deutsche Einheit« zu sprechen.

Wir begannen zum anderen Gespräche mit Israel über die diplomatische Anerkennung, die die SED immer verweigert hatte, auch wenn sich diese dann im Zuge des dynamischen Einigungsprozesses erübrigte.

Für das heutige Deutschland wichtiger war eine andere Entscheidung: Wir luden Juden aus der Sowjetunion, die dort unter Druck standen, zur Einwanderung in die DDR ein. Diese, von der Bundesregierung mit Skepsis betrachtete Regelung wurde dann zwar nicht in den Einigungsvertrag übernommen, die Einwanderung aber setzte sich fort – mit der Folge, dass bis 2005 mehr als 220.000 Juden aus den Nachfolgestaaten der Sowjetunion zu uns kamen und sich das jüdische Leben in Deutschland seitdem grundlegend gewandelt hat.

Auch wenn die deutsche Einheit die wichtigste Aufgabe der neu gewählten DDR-Regierung und des Parlamentes war, so vertraten wir die Überzeugung, dass die Aufarbeitung von

Vergangenheit eine zentrale Aufgabe bei Aufbau und Gestaltung einer demokratischen Gesellschaft ist. Wir wollten nicht, dass es zu den Verzögerungen kommt, die es nach 1945 gab. So begannen die Bemühungen darum schon in der Volkskammer, und sie wurden dann im Deutschen Bundestag fortgesetzt. Die nicht leicht durchzusetzende, international aber bis heute hochgeschätzte Entscheidung, die Akten der Staatssicherheit zu öffnen, war dabei nur eine, wenn auch wirklich wichtige Initiative. Später folgten dann die Enquête-Kommissionen des Bundestages zur Aufarbeitung der DDR-Geschichte und die Gründung der Bundesstiftung zur Aufarbeitung der SED-Diktatur, einer Institution, um die uns viele Länder mit ähnlichen Herausforderungen beneiden.

Heute wird – wie ich glaube – die Aufarbeitung des Kommunismus, auch im Vergleich mit dem Nationalsozialismus, immer mehr zu einer europäischen Aufgabe. Wichtig ist dabei die von Bernd Faulenbach geprägte Formel, den Nationalsozialismus nicht zu relativieren, aber eben auch den Kommunismus nicht zu bagatellisieren! Hier ist gerade auch im Ernstnehmen der Erfahrungen unserer östlichen Nachbarn ein europäischer Diskurs von großer Bedeutung. Er steckt noch ganz in den Anfängen.

3. Selbstbewusst und selbstbestimmt in die deutsche Einheit – durch Verhandlungen

Wer sich verschiedene Gedenkreden früherer Jahre zu den Ereignissen vor 20 Jahre ansieht, findet einige immer wiederholte Grundaussagen: Da wird von den Hunderttausenden auf den Straßen der DDR gesprochen, natürlich vom Fall der Mauer (die oft Öffnung der Mauer genannt wird, als hätte die SED wirklich die Mauer geöffnet) – und dann kamen sozusagen die richtigen Politiker aus dem Westen, die die Einheit gemacht haben, jedenfalls ist oft nur von ihnen die Rede, allen voran natürlich von Helmut Kohl. Entsprechend herrscht in

Ostdeutschland leider vielfach das schräge Bild, der Osten sei von der Bundesrepublik kolonisiert worden.

Gewiss wird man auch nachfragen müssen, was in der Zeit der Vereinigung und den Jahren danach falsch lief und wie es kommen konnte, dass sich solche Bilder in den Köpfen festsetzten.

Ich jedenfalls muss die Abläufe damals völlig anders beschreiben: Meine Überzeugung ist, dass wir als Ostdeutsche aus eigenem Willen, aufrechten Ganges und selbstbewusst in die deutsche Einheit gegangen sind. Die Friedliche Revolution, die nicht von außen gemacht werden konnte, hat die kommunistische Diktatur beseitigt. Der Runde Tisch war eine wichtige Krücke auf dem Weg zur freien Wahl, schon hier begann der Prozess der Umgestaltung und Selbstdemokratisierung. Dann folgte die freie Wahl, mit der es erst legitime Vertreter gab, die die notwendigen Verhandlungen zur deutschen Einheit führen konnten. Schließlich kam es zum Beitrittsbeschluss der Volkskammer, die allein rechtlich die Einheit auf diesem Wege beschließen konnte. Besser hätte es doch gar nicht laufen können!

Die Bedeutung Helmut Kohls für die Vereinigung darf gewiss nicht unterschätzt werden; meist jedoch wird sie in meinen Augen überschätzt. Denn er – wie wir alle – reagierte auf den Druck, der 1990 von der ostdeutschen Bevölkerung ausging. Wichtig war, dass er die Vereinigung wollte und die Unterstützung der USA hatte. Der wichtigste Durchbruch gegenüber der Sowjetunion fand aber wohl Ende Mai zwischen Präsident Bush und Gorbatschow statt und nicht erst im Kaukasus. Mitte Juli, im Kaukasus, konnte Gorbatschow das, was er schon im Mai gegenüber George Bush akzeptiert hatte, auch seiner eigenen Öffentlichkeit zumuten, weil er den Parteitag der KPdSU glücklich überstanden hatte – was vorher nicht so sicher war. Ein besonders großes Verdienst Helmut Kohls sehe ich darin, dass er die europäischen Partner in der EU davon überzeugte, dass mit der Vereinigung gleichzeitig die Integration in die EG erfolgte, ohne extra Verhandlungen zu führen. Dabei wiederum war der damalige Kommissionspräsident Jaques Delors eine große Hilfe.

Es war von großer Bedeutung, dass die Einheit auf dem Weg von Verhandlungen erreicht wurde. Es war keine Übernahme durch den Westen, wie viele im Osten glauben machen wollen, sondern ein Verhandlungsprozess. Zum einen mit den Siegermächten des 2. Weltkrieges, um die volle Souveränität wiederzuerlangen und die Mitgliedschaft in der NATO auch für die Zukunft sicherzustellen. Zum anderen zwischen den beiden deutschen Staaten, um die konkreten Bedingungen der Vereinigung festzulegen, denn es gab angesichts völlig unterschiedlicher gesellschaftlicher Strukturen einen hohen Regelungsbedarf. Uns war damals wichtig, dabei die Interessen der Ostdeutschen wahrzunehmen und zu stärken. Viele, für die wir uns bei einer großen westdeutschen Dominanz einsetzten, schätzten das wenig. Sie wollten einfach nur so schnell wie möglich die D-Mark und die Einheit, und glaubten vielfach, dann käme der Wohlstand automatisch. Der Druck, möglichst schnell zu handeln, erwuchs besonders aus dieser Ungeduld, vielleicht aber auch aus der Angst, es könne doch noch anders kommen.

Jedenfalls muss gerade denjenigen gegenüber, die im Osten bis heute die Einheit kritisieren, in Erinnerung gerufen werden, dass es doch gerade dieser Wille der ganz großen Mehrheit der DDR-Bürger war, der zum Motor dieser historischen Stunde wurde.

Gewiss hätte in den konkreten Verhandlungen und Regelungen manches auch anders aussehen können. Später musste Verschiedenes nachjustiert werden. Auch wenn es durchaus Fehler mit Folgen gab, muss doch deutlich gesagt werden, dass die Probleme Ostdeutschlands ihre wesentliche Ursache in jenem Desaster hatte, das einst der Kommunismus ökonomisch und gesellschaftlich in der DDR anrichtete. Und es war ein

Irrglaube zu denken, dass dies völlig schmerzlos und ohne Härten geheilt und überwunden werden könne. Wie viel in diesen letzten 20 Jahren geleistet wurde, ist am besten im Vergleich mit der Situation in unseren östlichen Nachbarländern erkennbar, obwohl auch dort mit europäischer Hilfe inzwischen Beachtliches geschehen ist.

Die Leistungen, die mit der Vereinigung und dem Aufbau Ostdeutschlands vollbracht wurden, können sich sehen lassen und sind Grund zum Stolz. Sie waren nur durch eine große gesamtdeutsche Anstrengung und Solidarität möglich, für die ich an dieser Stelle einen ausdrücklichen Dank aussprechen möchte!

4. Herausforderung Europa

Nicht nur Deutschland wurde vereinigt, sondern ganz Europa hat sein Gesicht verändert. Viele im Westen haben vor 20 Jahren gen Osten geschaut, sich gefreut, dass Freiheit und Demokratie siegten – und glaubten, für sie bliebe alles gleich, es kämen nur einige dazu. Das war ein großer Irrtum. Nicht allein die Bundesrepublik, auch die Europäische Union ist nicht nur größer geworden – sondern eine völlig veränderte. Es ist eine besondere Leistung, dass es in diesen zwei Jahrzehnten nicht nur die Erweiterung gegeben hat, sondern auch die Vertiefung der Integration. So ist Europa zu einem globalen Akteur geworden. Die Erwartungen an uns sind weltweit groß. Vor 20 Jahren hatten in Deutschland wie außerhalb viele Sorge vor einem Großdeutschland in der Mitte Europas. Diese Sorge hat sich als nicht berechtigt erwiesen, eher die, dass wir den hohen internationalen Erwartungen nicht gerecht werden. Sich unserer zunehmenden internationalen Verantwortung bewusst zu werden, ist für die deutsche Öffentlichkeit noch lange nicht angemessen wahrgenommen und akzeptiert. Isolation und Provinzialität können wir uns nicht mehr leisten. Europa braucht Deutschland, um den Lissaboner Vertrag mit Leben zu erfüllen.

Gerade jetzt, wo wir auch in der NATO ein neues strategisches Konzept erarbeiten, gibt es große Chancen, zu einer besseren Zusammenarbeit von EU und NATO zu kommen. Hier ist deutsches Engagement, ist Initiative gefragt, aber auch Sensibilität gegenüber den Nachbarn, den großen wie den kleinen.

Als wir Ostdeutschen vor 20 Jahren die deutsche Einheit vollzogen und – wie es hieß – dem Geltungsbereich des Grundgesetzes gemäß Artikel 23 beitraten, galt dies in besonderer Weise dem 1. Artikel: Die Würde des Menschen ist unantastbar.

Wir sind alle gut beraten, wenn dies auch in Zukunft die Grundlage und Orientierung unseres Handelns bleibt, im gesellschaftlichen Leben sowie in der Innen-, Europa- und Außenpolitik Anwalt der Würde des Menschen zu sein.

Herbert Müller, Zeulenroda

Die unendliche Geschichte der deutschen Einheit

1990, die Grenzen von Deutschland nach Deutschland waren schon einige Monate verschwunden, ich war 60 Jahre alt geworden und musste noch fünf Jahre bis zur Rente arbeiten. Zusammen mit meiner Jenny, mit der ich inzwischen schon 40 Jahre verheiratet bin, hatten wir schon viel von der (östlichen) Welt gesehen. Wir waren seefest und auch erfahrene Mitflieger. Wir sind auf Wolga, Don und Dnjepr unterwegs gewesen und hatten vieles in Russland, Lettland, Litauen und der Ukraine gesehen und erlebt. Wir kannten Polen, die ČSSR und waren in Kuba – jawohl in Kuba. Durch den Kfz-Veteranensport im ADMV kannten wir viele deutsche Städte und Landschaften. Aber, ob es am Rhein wirklich so schön und die Donau tatsächlich so blau ist? Ob die Alpen so hoch und Wien so gemütlich ist? Das wussten wir nicht! Jetzt endlich konnten wir all diese Wissenslücken schließen und reisen, wohin wir wollten. Wir konnten es kaum glauben.

Unsere erste große Reise führte uns im Mai 1991 an den Rhein. Mit der Eisenbahn fuhren wir nach Basel und von dort mit dem Schiff auf dem Rhein bis nach Amsterdam. Bei herrlichen Frühlingswetter konnten wir den Rhein und die Landschaftern an seinen Ufern erleben, aber auch bei mehreren Ortsbesichtigungen viele Sehenswürdigkeiten, die wir aus Filmen und vom Westfernsehen her kannten, endlich auch in natura betrachten. Alles einfach so, weil wir es wollten, ohne vorher einen Antrag gestellt zu haben und ohne auf die Befürwortung der Betriebs-Gewerkschafts-Leitung hoffen zu müssen. Mit dem nötigen Kleingeld in der Tasche konnten wir die Reise in einem Reisebüro in Franken buchen. Dass wir dies alles fast wie ein Wunder betrachteten, konnten unsere Tischnachbarn auf dem Schiff, die aus den alten Bundesländern kamen, überhaupt nicht verstehen.

In der Folge verging danach kein Jahr, ohne dass wir eine Schiffsreise unternahmen. Wir waren sowohl auf der Elbe, der Moldau als auch auf der Donau und dem Schwarzen Meer unterwegs. Später fuhren wir noch einmal auf dem Rhein, dem Main und der Mosel. Gerne erinnern wir uns auch an die Hochseereisen nach Island und Spitzbergen und an die interessanteste aller Reisen, die unter dem Oberbegriff »Rund um England« ausgeschrieben war. Noch heute, inzwischen sind wir über 80 Jahre alt, denken wir gerne an all das Schöne, welches wir ohne die Wiedervereinigung wohl niemals erlebt hätten.

»Kein Licht ohne Schatten«

Den wahren Sinn des Sprichwortes musste ich leider in der Zeit kurz nach der »Wende« an meinem Arbeitsplatz, bei der Stadtverwaltung, erleben. Zwar lief in meinem Bereich – Straßenwesen – alles wie bisher weiter, aber im Rathaus bei den Angestellten und beim Personal der Kindergärten veränderte sich sehr viel. Das große Entlassen hatte begonnen.

Die neuen Verantwortlichen der einzelnen Abteilungen waren nicht mehr die Abteilungsleiter, sie nannten sich jetzt »Amtsleiter«. Mit den neuen Namen hatten sich alle sehr schnell abgefunden. Die treibende Kraft der Aktion jedoch war neben dem neuen Bürgermeister der »Hauptamtsleiter«. Er, der von allen gefürchtete, war aus den alten Bundesländern importiert worden, um die Drecksarbeit, die sogenannte »Gesundung im Personalbereich« – die Entlassungswelle – zu steuern. Eine total unangenehme Person, der – wie ich von der Lohnbuchhalterin erfuhr – dafür neben seinem recht hohen Gehalt noch ein zusätzliches Trennungsgeld in beträchtlicher Höhe erhielt. Gott sei Dank war er aber irgendwann auch wieder verschwunden.

Ich selbst brauchte nicht mit einer Entlassung zu rechnen, weil ich als Handwerker fast 40 Jahre bei der Stadtverwaltung beschäftigt, nicht Mitglied der SED gewesen war und nicht für die Stasi gearbeitet hatte. Der neue Umgangston in der Verwaltung gefiel mir jedoch überhaupt nicht und der neue Führungsstil ebenso wenig wie diese »Arschkriecherei« gegenüber den neuen Vorgesetzten. Immer öfter erinnerte ich mich an diesen Spruch, den ich im Büro meines Lehrmeisters, gerahmt und unter Glas, 1945 zum ersten Mal las und seitdem nicht mehr vergessen habe:

»Die über Nacht sich umgestellt,
die sich zu jedem Staat bekennen,
das sind die Praktiker der Welt,
man könnte sie auch Lumpen nennen.«

Dazu kamen andere Ungerechtigkeiten, die ich sah und hörte. Sie ließen in mir den Entschluss reifen aufzuhören, um zwei Jahre lang Übergangsgeld bis zur eigentlichen Altersrente zu beziehen.

Im Vertrauen auf meine handwerklichen Fähigkeiten, hatte ich keine Angst, dass Jenny und ich verhungern oder verdursten würden. Ich ließ durchblicken, dass ich gegen eine Kündigung nichts einzuwenden hätte. Der Herr Hauptamtsleiter reagierte sofort und ich erhielt das Kündigungsschreiben schon wenige Tage später. Damit endete nach 40-jähriger Tätigkeit in verschiedenen Bereichen der Stadtverwaltung mein Beschäftigungsverhältnis ein halbes Jahr nach der Kündigung, am 31. Dezember 1992. Ich erhielt die höchste Abfindung – 10.000 DM –, die gezahlt werden durfte, und galt fortan als Frührentner.

An eine offizielle Verabschiedung, wie sie zu DDR-Zeiten und inzwischen wohl auch heute wieder gang und gäbe ist, dachte damals niemand. Selbst für einen Blumenstrauß fehlte wohl das Geld in der Kasse. Das war dann auch der Grund, weshalb ich immer NEIN sagte, wenn ich gebeten wurde, eine ehrenamtliche Funktion zu übernehmen.

Wie zu erwarten war, konnten wir auch als Rentner unseren gewohnten Lebenstil beibehalten. Im Gegegenteil, wir meldeten ein Gewerbe an und wurden Unternehmer. 40 Jahre lang mussten wir erleben, dass Fabrikbesitzer, Gewerbetreibende, Unternehmer als die größten Feinde des Sozialismus bezeichnet, als Kapitalisten und Ausbeuter gebrandmarkt und ihr Besitz, vor allem die Fabriken und Produktionsmittel, durch inszenierte fadenscheinige Aktionen ins Volkseigentum überführt wurden. Ab der Wiedervereinigung jedoch konnte jedermann wieder ein kapitalistischer Unternehmer werden. Plötzlich, fast über Nacht, war dieser Spuk vorbei, und es war die leichtetste Sache der Welt: Ein Antrag genügte, und schon war man selbstständiger Gewerbetreibender.

Wie alles begann und endete

Es fing ganz harmlos an. Der Not gehorchend, nicht dem eigenen Triebe, hatte ich etwa 1980 begonnen Gummiteile herzustellen, weil mir beim Restaurieren eines alten BMW-Motorrades die langen originalen Gummigriffe von »Conti« fehlten. Kaufen konnte man sie für »Westmark« in der Bundesrepublik bei speziellen Händlern jederzeit, aber für mich waren sie unerreichbar. Warum sollte ich sie nicht selbst herstellen können? Hatte ich doch schon viel schwerere Probleme gelöst. Wie war das zu machen? Ich lieh mir von einem Sportfreund, der »Westbeziehungen« hatte, einen solchen Griff. Fertigte zwei Gipsabdrücke an, die ich als Modell in eine Aluminiumgießerei gab. Die gegossenen Teile habe ich so bearbeitet, dass daraus eine Form entstand, in der ich die Griffe vulkanisieren konnte. Auch die dafür erforderliche Spindelpresse mit Heizplatte habe ich selbst gebaut. Alles in meiner kleinen Werkstatt und nach Feierabend. Das Material dazu verkaufte mir ein befreundeter

Handwerker. Nachdem sich unter den Kfz-Veteranenfreunden herumgesprochen hatte, dass ich Griffe herstellen kann, war die Nachfrage so groß, dass ich sofort eine kleine Serie davon herstellte, die ich in kurzer Zeit verkaufen konnte. Aber immer öfter wurde ich gefragt, ob ich nicht auch Fußrasten, Kniekissen und andere diverse Gummiteile bauen könnte. Ich baute die entsprechenden Formen, ich konnte das. Schon bald kamen Bestellungen mit der Post, von völlig unbekannten Kfz-Veteranenfreunden. Ich schickte die bestellten Teile und erhielt das Geld dafür stets zuverlässig in einem Brief.

Nachdem die Grenzen offen waren, aber noch vor der Einführung der DM, fuhr ich mit Jenny mehrmals mit einem Koffer voller Gummiteile zu Teilemärkten in den alten Bundesländern. Wir verkauften stets, bis der Koffer leer war. Bald bestellten auch einige Teilehändler aus den alten Bundesländern größere Stückzahlen, um sie mit in ihr Sortiment zu nehmen. Das Geschäft florierte, tagsüber ging ich arbeiten und nach Feierabend und auch an den Wochenenden baute ich neue Formen, oder ich stand an der Vulkanisierpresse und fertigte Gummiteile. Noch am späten Abend, beim Fernsehen, schnitt ich die Ränder ab, die beim Vulkanisieren unvermeidlich stehen blieben. Wir belieferten im Laufe der Zeit immer mehr Händler in den alten Bundesländern. Jenny musste ihre frühere Tätigkeit als Buchhalterin wieder aufnehmen. Sie packte die Pakete, schrieb die Rechnungen und Adressen. Alle Händler erhielten 15 % Nachlass. Sie sortierte Eingangsrechnungen und Quittungen. Kontrollierte die Kontoauszüge und schrieb tiefschwarze Zahlen in das große Buch, das sie extra dafür angelegt hatte. Auf Teilemärkten unterhielten wir einen kleinen Stand, der immer dicht umlagert war. Man kannte uns, wir hatten uns einen guten Ruf erworben.

Heute weiß ich, dass ich das Kündigungsschreiben von der Stadtverwaltung genau zur richtigen Zeit erhielt, denn lange hätte ich diesen Stress wohl kaum ertragen können.

Mein westdeutscher Freund Stephan, der uns besuchen kam, warnte uns: »Wenn das Finanzamt von diesen Einnahmen erfährt, müsst ihr Steuern zahlen, die sie auf Jahre zurück schätzen.« Wir reagierten und meldeten am 2. April 1993 unser Gewerbe an. Auf Anraten des Steuerberaters war Jenny der Inhaber und ich der Arbeiter, der Lohn für seine Arbeit bekam. Für 300 DM im Monat stand ich nun täglich etwa acht Stunden in meiner Werkstatt und sorgte für Nachschub und baute neue Formen.

Der Nachteil des Gewerbes war, dass wir auf der Kostenseite Beiträge für die Industrie- und Handelskammer, für die Krankenkasse und natürlich für den Steuerberater hatten. Auch mussten wir genauer überlegen und aufpassen, wenn Barzahler eine Quittung verlangten. Es konnte ja ein Spitzel vom Finanzamt sein. Denn vom »Hörensagen« wussten wir, dass gegenüber dem Finanzamt die gleiche Vorsicht geboten sei wie einst der Stasi gegenüber.

»Wenn es am schönsten ist, soll man aufhören.« Die Umsätze wurden zwar nicht kleiner, aber aufgrund meines Alters fiel es mir schwerer, wie ein junger Spund täglich zu arbeiten. Vor allem, weil wir ja das schwer verdiente Geld, die auf der ganzen Welt begehrte »Westmark«, auch irgendwann einmal wieder ausgeben wollten – vor allem, weil uns als Bürger der Bundesrepublik die ganze Welt offenstand.

Ein Nachfolger war bald gefunden. Er kaufte alle Formen, den Vorrat an fertigen Teilen – und ganz wichtig: die Kundenliste und das »Know-how« für einen reellen Preis. Er und wir waren zufrieden. Am 31. Dezember 1998 meldeten wir das Gewerbe wieder ab.

Gedanken – 20 Jahre nach der Wende

Ich bin zur Zeit der Weimarer Republik geboren, aufgewachsen und erzogen worden im »Großdeutschen Reich« und habe danach 40 Jahre im ersten »Arbeiter und Bauerstaat auf Deutschen

Boden«, in der Deutschen Demokratischen Republik gelebt, gearbeitet und hatte dabei immer auf der Bildröhre die gefüllten Schaufenster des anderen Deutschlands vor Augen. Natürlich waren deshalb die Erwartungen an ein Leben in Freiheit und Wohlstand groß, als Ende der 80er-Jahre diese Aufbruchstimmung viele Menschen in die Gotteshäuser und danach auf die Straße trieb: »Wir sind das Volk!«

Dieser kurze Satz, brachte alles ins Rollen, wie ein Wirbelsturm fegte er durch das Land, brachte die Menschen in Bewegung und am Ende sogar die Mauer zum Einsturz. Menschen, die sich vorher nie gesehen oder gekannt hatten, begrüßten und umarmten sich vor Freude. Welch eine Begeisterungswelle wogte über das Land. Endlich würde sich Privatinitiative wieder lohnen. Bisher unerfüllbare Wünsche nach Reisefreiheit und nach Konsumgütern wie Südfrüchten, Baumaterialien und vor allem »Westautos« konnte jeder nun dank der Einheit ohne »Beziehungen« überall käuflich erwerben. Das waren die Erwartungen und Vorstellungen der meisten Bürger, nicht nur bei mir, in der dahinwelkenden DDR. Wen interessierte in dieser euphorischen Phase, welche Partei in Zukunft das Land regieren würde? Wohl die wenigsten. Hauptsache war doch, dass die SED nicht mehr über unser Leben bestimmte.

Erst nachdem die »Treuhand« einen Volkseigenen Betrieb nach den anderen »abwickelte«, die Menschen arbeitslos wurden, welche dort beschäftigt waren, und in der Folge das nötige »Kleingeld« fehlte, mit dem sie sich ihre erhofften Wünsche hätten erfüllen können, kehrte in den neuen Bundesländern der Alltag ein. Worte wie: Planerfüllung, Materialeinsparung, Bevölkerungsbedarf, Parteilehrjahr, Mangelware u. a. wurden abgelöst von bisher völlig unbekannten Wortschöpfungen wie: Bruttosozialeinkommen, Hartz IV, Leiharbeiter, Lohndumping, Räumungsklage, Ost-West-Gefälle u. a. Nicht jeder damals gehegte Wunsch ging in Erfüllung. Die anfängliche Euphorie verflog deshalb genauso schnell, wie sie gekommen war. Selbst bei den jungen Menschen, die seit dem Herbst 1989 herangewachsen sind, existiert schon wieder dieses »Ossi-Wessi«-Denken.

Aus meiner Sicht, aus der Sicht eines achzigjährigen Rentners, fällt es schwer, sehr schwer sogar, ein Fazit zu ziehen, denn alles, was ich mir damals in den »Wendejahren« von einem wiedervereinigten Deutschland nicht nur für mein weiteres Leben, sondern für alle Deutschen erhofft und auch vorgestellt hatte, ist zum größten Teil eingetroffen. Allerdings wurde es keinem in den Schoß gelegt, jeder musste es mit Fleiß und Eigeninitiative selbst erarbeiten. Deshalb konnten für einen Teil der Menschen nicht alle Erwartungen, Sehnsüchte und Wünsche in Erfüllung gehen. Wer jedoch in den vergangenen 20 Jahren die Sonne mit Fleiß und Verstand gesucht hat, der konnte sie auch finden. Allerdings musste er hinüber gehen auf die richtige Straßenseite. Manches Mal gibt es da zwar auch Schatten, aber eben nur manches Mal …

Fritz Niedergesäß, Berlin

Wir haben überholt, ohne einzuholen …

Der Herbst 1989 begann für mich schon im Sommer. Am 9. August hat meine Schwester Geburtstag, und sie klagte über die Zustände in der DDR. Die müssen weg, das reicht, es geht nicht weiter. Ich sagte dann zu ihr, wir werden es wohl beide nicht mehr erleben, dass wir dieses unfähige waffenstarrende System loswerden. Wir fuhren dann in das Altvatergebirge (ČSSR) zum Campingurlaub. Auf dem Campingplatz trafen dauernd Leute ein, die aus Ungarn zurück in die DDR wollten. Sie erzählten Dinge, die uns in Spannung versetzten. In Budapest hieven die 30-jährigen »FDJ-ler« ihre »Jungen Pioniere« über die Botschaftszäune. Zu Hause angekommen, hatten wir dann wieder Westfernsehen. Kaum zu glauben, was da alles ablief.

Ich war Bauleiter im Brückenbau und eben mit dem Bau der Hochstraße in Schöneweide von der Rummelsburger Straße zur Straße An der Wuhlheide beschäftigt. Am 30. September war die Freigabe der Straße von der Edisonstraße zur Dunkerstraße. Ich musste eine Rede in Gegenwart des Auftraggebers und der politischen Prominenz halten. Da schilderte ich, was ich im Altvatergebirge erlebt hatte. Der Parteisekretär Bauwesen Ost-Berlin verließ aufgeregt die Baustelle. Meine Kollegen sagten mir. »Jetzt werden sie dich wohl rausschmeißen.« Mich hat keiner mehr rausgeschmissen. Die hatten alle schon solche Angst, dass sie nicht mehr reagierten.

Nun wurde es von Woche zu Woche spannender. Demonstrationen in allen Teilen der DDR. Am 4. Oktober rief gegen 23 Uhr unsere Tochter aus Dresden an. Sie hatte gerade mit dem Studium begonnen: »Hier ist die Hölle los! Am Hauptbahnhof brennen die Straßenbahnwagen und die Reisenden in Richtung ČSSR prallen auf die Rückströmenden, die man nicht mehr über Bad Schandau weiterfahren lässt.« So kamen täglich Meldungen aus allen Ecken der DDR.

Am 4. November – wir hatten gerade Besuch aus Bremen, der mich mit dem Auto noch bis Treptower Park mitnahm – fuhr ich zum Alexanderplatz. Es war zehn Uhr, als ich über die Brücke vor dem Bahnhof fuhr und in Richtung Molkenmarkt schaute. Da kam auf der zehnspurigen Straße auf voller Breite ein Demonstrationszug in Richtung Alex anmarschiert mit einem riesigen Transparent quer über den ganzen Zug. Ich bekam erst einen Schreck, weil ich annahm, dass da die SED noch mal zu einer Gegendemonstration zusammengetrommelt hat. Als ich dann vom Bahnhof zur Liebknechtstraße lief, traute ich meinen Augen nicht: Massen von Menschen mit Plakaten und Transparenten, für die man wenige Wochen vorher zwei Jahre in Bautzen bekommen hätte. Ich reihte mich ein und traf noch einen Kollegen aus dem Tiefbaukombinat. Da habe ich zum ersten Mal gespürt, jetzt haben sich die Machthaber der Diktatur des Proletariats das Genick gebrochen. Das überleben die nicht. Der ganze Tag war ungeheuer aufregend. Wir liefen die Runde links um den Palast der Republik herum, wo viele Plakate abgelegt wurden. Vor uns lief der Mann mit dem Krenzplakat »Großmutter, warum hast du so große Zähne«.

Auf dem Alex angekommen, begannen die Reden. Das war, nach 40 Jahren Sozialismus und 28 Jahren eingemauerter Existenz, unerhört aufregend. Und dann kam der 9. November. Wir saßen in unserer Unterkunftsbaracke der Baustelle U-Bahn am Tierpark. Die Tochter meines Kollegen Horst hielt mit ihrem Freund einen Vortrag über eine Privatreise von Studenten nach Nordkorea. Schon verrückt, was die alles erlebt haben. So gegen 21.00 Uhr kam unsere Kollegin Brigitte wieder ins Zimmer und sagte, dass im Radio ständig Sonderberichte von den

Grenzübergangsstellen kommen und die Mauer geöffnet ist. Wir machten noch unseren Jux mit ihr und fragten, ob sie ein Glas zu viel getrunken hätte. Nee, nee, sagte sie, kommt mit. Dann haben wir die Reportage selbst gehört. Ein ungeheures Glücksgefühl machte sich breit, kaum zu fassen, die Mauer war gefallen.

Die nächsten Tage waren eine Mischung aus Freude und Angst. Was machen die Sowjets, keiner traute dem Frieden so richtig. Es kann doch kaum sein, dass dieser riesige Machtapparat einfach eingeschlafen ist. So vergingen die nächsten Tage. Am Wochenende war dann ein ungeheures Verkehrsaufkommen im Süd-Osten. Die Doppelstockbusse der West-Berliner BVG fuhren die Menschenmassen ab Bahnhof Schönefeld bis zum Kurfürstendamm. Die Felder um Schönefeld bis nach Waßmannsdorf standen voller Autos. Wir sind dann am Samstag »rüber«. Unbändige Freude aus jedem Auto. Die Grenzer waren auch ganz nett. Die waren vielleicht auch froh, dass es mit dieser unwürdigen Arbeit, die sie zu verrichten hatten, bald zu Ende geht. Es folgten dann die Tage, wo wir mit Hammer und Meißel bewaffnet, die Brocken aus der Mauer gestemmt haben. Helmut Kohls 10-Punkte-Plan wurde übertragen. Uns war erst etwas bange. Hat der nicht gleich überzogen? Nein, hatte er nicht, das war sicher auch ein wichtiger Meilenstein. Auf der Baustelle wurde mehr über die täglichen Erlebnisse in West-Berlin erzählt als über die Arbeit.

Ein besonderes Erlebnis noch an unserer Brücke. Radio DDR kam, und ich musste ein Interview zum Bautenstand geben. Ich sagte dann, dass wir Probleme haben, die bituminöse Dichtung aufzubringen, da wir ja keine Heizgeräte mehr benutzen durften. Es war aber schon ziemlich kalt. Ca. zwei Stunden später kam ein grüner B 1000 angefahren, zwei Soldaten im Blaumann brachten uns zwei Siroccogeräte (Dieselheizer). Ich wollte denen den Empfang quittieren, da sagten die Genossen und feixten über das ganze Gesicht: »Nein, das brauchen wir nicht mehr.« Wir nahmen an, dass die Geräte aus den Stasiwerkstätten in Karlshorst gekommen waren und leiteten von ihrer Lässigkeit ab, dass die Jungs die Zeichen der Zeit schon verstanden hatten.

Ja welche Erwartungen, Sehnsüchte und Wünsche hatten wir jetzt? Ein wichtiges Datum war dann noch der 19. Dezember 1989. Helmut Kohl hielt seine berühmte Rede vor der Ruine der Frauenkirche in Dresden. Diese Rede hat eine enorme Dynamik in Richtung Einheit ausgelöst. Der Jubel der Sachsen hat ganz Deutschland begeistert. Wir haben natürlich alle gehofft, dass wir unsere Arbeit behalten und sich alles irgendwie regeln wird. So ganz einfach war das natürlich nicht. Unser Autobahnbaukombinat wurde im II. Quartal 1990 in mehrere Gesellschaften (GmbH) aufgeteilt. Der Brückenbau Dresden ging eigene Wege, die Projektierung Potsdam musste ebenfalls aus dem Verbund raus, blieben noch fünf GmbHs übrig. Diese traten im Juni unter einer Holding den Gang in die Marktwirtschaft an. Unser Berliner Betrieb Verkehrsbau hatte zwei große Geschäftsfelder, etwa je zur Hälfte Verkehrsbau sowie Abbruch/Sprengtechnik, insgesamt etwa 1.200 Personen. Ich wurde erst einmal Kaufmännischer Leiter für den Bereich Straßen- und Tiefbau. Mein Geschäftsführer sagte: »Du wirst jetzt Prokurist.« Ich fragte ihn, was denn das wäre. Na, das hat sich alles recht schnell eingerüttelt. Ab 1991 wurde ich dann Technischer Leiter für den Gesamtbetrieb, und damit konnte ich dann auch etwas anfangen.

Ich werde nie vergessen, wie wir plötzlich nach der Wirtschafts-, Währungs- und Sozialunion »Westgeld« zur Verfügung hatten. Wir waren ja noch ab Juni 90 ca. ein Jahr Treuhandbetrieb und mussten nun Investitionspläne vorlegen, um die entsprechenden Kredite in D-Mark zu erhalten. Wir haben ganz kess für unsere Verkehrsbau Berlin GmbH (VBB) 13 Mio. DM beantragt, die wir auch tatsächlich bekommen haben. Kaum zu fassen. Jetzt haben wir all die wunderbaren Maschinen und Gräte gekauft, die wir früher nur aus den Fachzeitschriften oder auch aus dem Westfernsehen kannten, einfach Wahnsinn. Nun haben wir das gemacht, was Walter Ulbricht 30 Jahre vorher von uns verlangt hatte. Wir haben überholt, ohne einzuholen. Unseren Maschinisten, Facharbeitern, Polierern und Bauleitern hat es einfach Spaß gemacht, mit dieser wunderbaren Ausrüstung zu arbeiten. Im Abbruchbereich waren wir mit der Westkonkurrenz nach einigen Monaten auf Augenhöhe und bald sogar besser. Im Verkehrsbau hat es vielleicht einige Monate länger gedauert, aber dann waren wir auch dran. Unsere Kollegen waren ja auch viel bescheidener mit ihren Forderungen. Uns allen kam die Sicherheit des Arbeitsplatzes weit vor anderen Forderungen.

Unser Verkehrsbau Berlin hatte im Straßen- und Tiefbaubereich natürlich erst einmal einen schweren Schock zu verkraften. Der West-Berliner Senat hat sofort den größten Teil der Aufträge aufgekündigt. Wir mussten kalkulieren lernen und uns an Ausschreibungen beteiligen. Das konnten wir doch alles gar nicht. Aber mit Hilfe von Kollegen aus West-Berlin, teils ehemalige Kollegen von uns, die »abgehauen« waren, haben wir das schnell gelernt.

Bereits im April haben wir, etwa 45 Kolleginnen und Kollegen aus der 2. und 3. Ebene unseres Kombinats, einen Lehrgang über »Soziale Marktwirtschaft« in Neufahrland bei Potsdam besucht. Das war hochinteressant. Drei Professoren haben uns erst einmal klar gemacht, dass »Sozialistische Ökonomie« nicht funktionieren kann. Anhand eines Großkonzerns wurde uns erläutert, wie Wettbewerb weltweit funktionieren muss und wie die Verantwortung eines jeden Mitarbeiters zum Erfolg eines Unternehmens beiträgt. Die Wichtigkeit des Mittelstandes wurde hervorgehoben. Die drei Herren haben uns auch ausführlich über die Gebrechen der Planwirtschaft in der DDR informiert. Dass das alles nicht mehr funktionierte, haben wir ja alle täglich in unseren Betrieben selbst erlebt. Die drei Professoren waren jahrzehntelang mit der Analyse der Weltfinanzsysteme befasst und kamen vom Institut für Wirtschaftsführung beim ZK der SED. Durch ihre Analysen hatten sie einen sehr guten Überblick über die wirkliche Wirtschaftskraft der einzelnen Staaten. Die Begeisterung dieser drei Männer für die Soziale Marktwirtschaft hat uns Mut und Kraft gegeben, in der Marktwirtschaft zu überleben. Heute ist unser Unternehmen das zweitgrößte Verkehrsbauunternehmen in Deutschland und unsere damaligen Jungingenieure sind die Geschäftsführer.

Politisch standen für mich persönlich interessante Zeiten bevor. Anfang Dezember wählten wir Lothar de Maizière im Rathaussaal in Treptow erst einmal zum Delegierten für den Parteitag der CDU Ost in Dresden. Ich hielt an diesem Tag meine erste politische Rede. Im Januar 1990 waren wir von unserem Partnerortsverband Gropiusstadt in Neukölln eingeladen, um uns kennenzulernen. Dort trafen wir auf Eberhard Diepgen, der uns alle faszinierte. Bei den Landesvorstandswahlen in Ost-Berlin im Februar trat ich an und wurde Beisitzer im Vorstand.

Im März zu den Wahlen für die Volkskammer haben wir unter Anleitung unserer Neuköllner Freunde gelernt, wie Infostände organisiert, Plakate geklebt, Wahlversammlungen organisiert werden und wie der direkte Kontakt zu den Wählern gesucht wird. Die Wahl war überraschend ein voller Erfolg für die CDU und die Allianz für Deutschland. Damit hatten wir in dieser Größenordnung nicht gerechnet. Ein Glücksfall für Deutschland.

Im März standen dann noch die Nominierungen für die Kommunalwahlen in Ost-Berlin an. Ich gab einen Zettel ab, dass ich für die Stadtverordnetenversammlung kandidieren will, und fuhr an diesem Samstag mit unserem Sohn zur Cebit nach Hannover. Am Sonntag rief ich meinen Freund an und fragte, was denn da auf der Versammlung los war. Der sagte mir, dass ich Spitzenkandidat für Treptow wäre. Ich fragte ihn, was das zu bedeuten hätte, und er erklärte, dass 62 Delegierte dort waren und mich 62 gewählt hätten. Eigentlich unfassbar, aber so war das damals. Wir hatten ja alle keine Ahnung von dem ganzen Wahlprozedere. Ich zog dann am 6. Mai 1990 in die Stadtverordnetenversammlung ein und wurde dort Ausschussvorsitzender »Bauen, Wohnen, Stadtentwicklung, Verkehr«. Die Beamten aus dem Abgeordnetenhaus waren für uns abgestellt und haben uns die komplizierten Prozesse parlamentarischer Arbeit beigebracht. Wir haben sehr zügig gearbeitet, die Bürokratie oft überlistet. Beschlüsse wurden in ein bis zwei Wochen hergestellt, zu denen wir dann später im Abgeordnetenhaus von Berlin Jahre gebraucht haben.

Bei der Fusion der beiden Verbände West- und Ost-CDU in Berlin am 8. September wurde ich zum stellvertretenden Landesvorsitzenden gewählt. Nun saß ich neben den bekannten Politikern, die wir früher nur aus dem Fernsehen kannten.

Am 3. Oktober 1990 standen wir mit meiner Frau und weiteren Freunden am Fahnenmast vor dem Reichstagsgebäude. Als die Fahne hochgezogen wurde, setzte ein unbeschreiblicher Jubel ein, wir waren wieder »Deutschland einig Vaterland«.

Bei den Gesamtberliner Wahlen zum Abgeordnetenhaus am 3. Dezember 1990 wurde ich für Treptow wieder Spitzenkandidat der CDU, und wieder zogen wir zu zweit aus Treptow in das Abgeordnetenhaus von Berlin ein. Dem gehörte ich dann bis 2006 an.

Meine Sehnsüchte und Erwartungen haben sich voll erfüllt. Endlich gehörten wir wieder zu »Deutschland«. Das war mein Traum seit meiner Kindheit. Niemals habe ich die Spaltung Deutschlands akzeptiert. Wir sind auch mit erhobenem Haupt in die Einheit gegangen, hatten wir doch auf den Baustellen in der DDR unsere Kraft dafür eingesetzt, dass nicht alles unter die Räder kommt. Ich war von 1963 bis 1990 Bauleiter im Brückenbau und bin auf jede Brücke stolz, für die ich Verantwortung getragen habe. Es gibt nichts Schöneres, als Brücken zu bauen.

Was uns dann doch überrascht hat, war die große Differenz in der Leistungsfähigkeit der Volkswirtschaften zwischen Ost und West. Wer hat denn vor dem Fall der Mauer eine konkrete Vorstellung davon gehabt, wie weit entfernt die Hochleistungsbetriebe der Industrie im Westen vor denen im Osten lagen? Wer hat denn aus Westdeutschland übersehen, unter welchen katastrophalen Bedingungen die Werktätigen im Osten schuften mussten? Wer jemals vor dem Fall der Mauer in Buna, Leuna, Bitterfeld oder auch in vielen anderen Betrieben war, kann ermessen, wie die Werktätigen im Osten ausgebeutet wurden.

40 Jahre Sozialismus haben ganz Mitteldeutschland ruiniert – es konnte also nur besser werden. Der Zusammenbruch sehr vieler Kombinate und Betriebe war aber nicht der Preis für die Einführung der DM. Die Abhängigkeit aller Exportbetriebe zu 70–100 % vom Sozialistischen Lager war der Hauptgrund für diese Entwicklung. Denn nicht nur in der DDR ist der Sozialismus gescheitert, sondern von Magdeburg bis Wladiwostock und von Rostock bis Sofia. Wenn Siemens, Bosch, Mercedes oder Volkswagen plötzlich 90 % ihrer Absatzmärkte verloren hätten, wären sie sogar, trotz höchstem Stand der Industrie, weltweit in die Pleite geraten.

Unter dem Strich haben wir im letzten Augenblick durch den Fall der Mauer noch das rettende Ufer erreicht. Die grundsätzlichen Entscheidungen im Einheitsprozess waren richtig. Jetzt kommt es darauf an, in den neuen Bundesländern moderne Industrien anzusiedeln und durch kluge Infrastrukturpolitik die Voraussetzungen zu schaffen, dass eines Tages der Produktivitätsunterschied auf die in den alten Bundesländern bestehenden Niveauunterschiede eingepegelt wird.

Dieser Entwicklung sehe ich mit Optimismus entgegen.

Günter Nooke, Berlin

»Das haben wir gar nicht gesehen …«
Wie das Kommunalvermögensgesetz vor 20 Jahren entstanden ist

Die kommunale Selbstverwaltung in der DDR begann mit der Verabschiedung einer neuen Kommunalverfassung in der frei gewählten Volkskammer und der Wiederholung der gefälschten Kommunalwahlen am 6. Mai 1990. Die systematische und von oppositionellen Gruppen erstmals nachgewiesene Wahlfälschung ein Jahr zuvor, am 7. Mai 1989, war der Anfang vom Ende der SED-Herrschaft. Die einzigen freien und geheimen Wahlen in den Städten und Gemeinden dagegen stehen für den Beginn der demokratischen und selbstbestimmten Entwicklung auf lokaler Ebene noch bevor überhaupt die neuen Länder eingeführt worden waren. Die materiellen Voraussetzungen dafür wurden im Kommunalvermögensgesetz geschaffen, das nur wenige über den Kreis der Verantwortlichen auf kommunaler Ebene hinaus überhaupt kennen, geschweige denn zu würdigen wissen. Es regelte die Übertragung von Eigentum an Landkreise, Städte und Gemeinden. Politisch war dieser Coup nur deshalb möglich, weil hier in seltener Einigkeit und in atemberaubender Geschwindigkeit alle Abgeordneten der Volkskammer an den Bonner Beamten vorbei zur Stärkung der kommunalen Ebenen an einem Strang zogen.

Zwanzig Jahre danach geht es mir hier nicht darum, einen wissenschaftlich exakt recherchierten Artikel zum Kommunalvermögensgesetz vorzulegen, sondern als Beteiligter etwas vom Geist jener Tage zu vermitteln, den sich viele, die heute politische Verantwortung tragen – ganz gleich auf welcher Ebene – kaum noch vorzustellen vermögen. Ich werde dabei mehrere Daten und Fakten nennen, um an diesem Beispiel zu zeigen, wie zügig, sach- und zielorientiert parlamentarische Arbeit sein kann, wenn man sich politisch einig ist und der freiheitlich demokratische Rechtsstaat noch nicht zum Rechtswegestaat verkommen ist.

Am Anfang stand das Treuhandgesetz

Es begann am Donnerstag, dem 14. Juni 1990. Es war die 10. Wahlperiode der Volkskammer der DDR und auf der Tagesordnung der 14. Tagung stand die 2. Lesung des Treuhandgesetzes. Das Gesetz ging auf meine Initiative und die meiner damaligen Fraktion Bündnis 90/Die Grünen zurück. Schon am Runden Tisch wurde die Idee einer Treuhandgesellschaft für das DDR-Volksvermögen von dem Kirchenhistoriker am Berliner Sprachenkonvikt, Wolfgang Ullmann, vorgetragen und noch vor dem 18. März 1990 in pervertierter Form von der alten DDR-Administration auf den Weg gebracht. Es ist hier nicht der Raum, um zu zeigen, wie sehr unser ursprüngliches, liberalistisches Konzept auf eine breite Vermögensstreuung angelegt war und wie schnell die Konzentration von Vermögen und die Möglichkeit zentraler Steuerung teils bewusst, teils unbewusst oder aufgrund äußerer Zwänge die Oberhand bekam.

Nach den Wahlen jedenfalls war Wolfgang Ullmann zusammen mit Konrad Weiß und mir einer von drei Abgeordneten, die auf der Liste von Bündnis 90 für die Vereinigung Demokratie Jetzt in die Volkskammer gewählt worden waren und die das Thema nicht losließ. Ich hatte mich für die Mitgliedschaft im Wirtschaftausschuss entschieden und mir standen zwei wissenschaftliche Mitarbeiter zur Verfügung, Gerd Gebhardt und Matthias Artzt, die zuvor das Modell der Treuhand in einem politisch-philosophischen Haus- und Arbeitskreis zusammen mit Ullmann entwickelt hatten. Wir alle betrachteten nicht nur die Entwicklungen vor dem 18. März, sondern auch die der Wochen danach unter der neuen demokratischen Regierung von Lothar de Maizière mit Sorge. Sowohl die SPD als auch die Bündnis 90-Fraktion hatten schon am 26. April 1990 Anträge zur parlamentarischen Kontrolle der per Gesetz vom 1. März 1990 gegründeten Treuhandanstalt eingebracht. Es war offensichtlich, dass die Neustrukturierung und Umwandlung des sozialistischen Eigentumstitels »Volkseigenes Vermögen« zwingend notwendig war, damit Anschlussfähigkeit zu den westdeutschen, sprich bürgerlichen Rechts- und Eigentumstiteln hergestellt werden konnte. Schon am besagten 14. Juni sollte deshalb ein neues, von der DDR-Regierung vorgelegtes Treuhandgesetz verabschiedet werden. Doch – für ein so wichtiges Gesetz und eine Oppositionsfraktion nicht verwunderlich – gab es auch nach den Beratungen und Mehrheitsentscheidungen in den Ausschüssen erhebliche Kritik. Die zweite Lesung dieses Gesetzes wurde deshalb unterbrochen und sollte drei Tage später, am Sonntag, dem 17. Juni, nach der Gedenk- und Feierstunde zum Tag der Deutschen Einheit im Berliner Schauspielhaus fortgesetzt werden. Die Zeit drängte, weil mit der schon beschlossenen Währungsunion am 1. Juli auch die DDR-Kombinate und -Betriebe in Aktiengesellschaften und GmbHs umgewandelt und der neuen Treuhandanstalt unterstellt werden sollten.

Am Freitag, dem 15. Juni 1990, tagte deshalb noch einmal eine Arbeitsgruppe, die möglichst einen Konsens zum umstrittenen Treuhandgesetz finden sollte. Ich muss hier nicht erwähnen, dass das für mich in vielerlei Hinsicht nur unzureichend gelang. Ein Satz allerdings erwies sich als echter Sprengsatz! Vielleicht war er sogar neben den Beitrittsbeschlüssen einer der größten Erfolge der ostdeutschen Abgeordneten in diesen durchaus insgesamt erfolgreichen sechs Parlamentsmonaten 1990. Harald Ringstorff von der SPD-Fraktion, der spätere Ministerpräsident von Mecklenburg-Vorpommern, machte zusammen mit mir den Vorschlag, im § 1 des Treuhandgesetzes im Absatz 1 eine kommunalfreundliche Ergänzung einzufügen: »Volkseigenes

Vermögen kann auch in durch Gesetz bestimmten Fällen Gemeinden, Städten, Kreisen und Ländern sowie der öffentlichen Hand als Eigentum übertragen werden.« Dieser Satz beinhaltete erhebliche nachträgliche Eruptionen und eine nicht geringe Reduzierung des Vermögens der Treuhandanstalt zugunsten der Städte und Gemeinden. Aber was vielleicht noch wichtiger war, dieser Satz eröffnete den gerade neu gewählten Bürgermeistern und Kommunalvertretungen wesentliche Gestaltungsspielräume auf kommunaler Ebene. Das Ganze hatte nur einen Haken – die Vermögensübertragung an die Kommunen brauchte ein Gesetz.

Der Weg zur Kommunalisierung

Als die Fraktion Bündnis 90/Die Grünen sich am Dienstag der darauf folgenden Woche zur Fraktionssitzung traf, holte ich mir die Zustimmung, ein solches Gesetz auszuarbeiten. Uns war voll bewusst, ein ziemlich großes Rad drehen zu wollen. Aber das hatten alle Themen so an sich, mit denen wir uns damals beschäftigten und bei denen wir eher weniger erfolgreich waren: Eigentumsfragen, zukünftige Energieversorgungsstrukturen und die Binnenverschuldung, später sogenannte »Altschulden«, der DDR. Doch diesmal wollten wir nicht beim »Recht behalten« gewinnen, sondern materielles Recht wirklich schaffen.

Der Vorteil beim Kommunalvermögen lag darin, dass alle Parteien Bürgermeister vor Ort hatten, die sehr genau wussten, wie wichtig ein solches Gesetz zur Kommunalisierung der für sie unverzichtbaren Einrichtungen der Daseinsvorsorge war. Ohne eine direkte Verantwortlichkeit der Eigentümer auf den unteren Gemeindeebenen gab es keine kommunale Selbstverwaltung, die diesen Namen verdient. Natürlich dachten wir dabei vor allem an Anlagen und Einrichtungen zur Erzeugung und Verteilung von Energie, also Elektro-, Gas- und Fernwärmeleitungen. Erst durch den faktischen Besitz der Leitungsnetze kamen die

Kommunen in eine ernstzunehmende Verhandlungsposition, um möglichst günstige Lieferverträge bei Strom und Gas mit den überregionalen Energieversorgern als neuen Monopolanbietern auszuhandeln. Aber auch Rathäuser, Kultureinrichtungen, Sportstätten, Stadtgüter, -wälder, Parks, also alle Anlagen und Gebäude, die zur Erfüllung der kommunalen Selbstverwaltungsaufgaben benötigt werden, sollten neben den Anlagen zur Versorgung mit Energie und Wasser an die Gemeinden übertragen werden.

Beratungen in der Volkskammer

Schon am Freitag derselben Woche, also drei Tage nach dem Fraktionsbeschluss, lag unser Entwurf über ein »Gesetz über die Übertragung von Volkseigenen Vermögen auf die Städte und Gemeinden (Kommunalisierungsgesetz)« dem Präsidium der Volkskammer vor. Er war – das sei zugegeben – sicher unvollkommen. An der von mir initiierten Beratergruppe war der heute international anerkannte Energieexperte Christian Matthes maßgeblich beteiligt, der im Jahr 2000 eine interessante Dissertation mit dem Titel »Stromwirtschaft und deutsche Einheit« (1) zur Transformation der Elektrizitätswirtschaft in Ost-Deutschland vorgelegt hat. Leider kam es trotz gegenseitiger Information nicht zu einem gemeinsamen Gesetzentwurf unserer Fraktion Bündnis 90/Die Grünen mit der SPD-Fraktion, die wenig später ein rechtlich genaueres, in der Intention aber gleiches Kommunalisierungsgesetz II vorlegte. Die 1. Lesung der beiden Gesetze erfolgte zusammen mit einem Antrag der Fraktion der CDU/DA zur Entflechtung des Handels in den Kommunen am 29. Juni 1990, zwölf Tage nach Beschlussfassung zum Treuhandgesetz. Mir geht es hier nicht darum, die Argumentationen einzelner Personen und Fraktionen nachzuzeichnen, zumal die Protokolle der Volkskammer und selbst die Reden seit Kurzem im Internet (2) zugänglich sind.

Wohl ohne Wissen um die bereits laufenden parlamentarischen Aktivitäten übersandte am 28. Juni 1990, einen Tag vor der 1. Lesung in der Volkskammer, der zuständige Minister für Kommunale und Regionale Angelegenheiten dem Umweltministerium einen Gesetzentwurf, der ebenfalls die Ausgestaltung von §1 Abs. 1 des Treuhandgesetzes zum Inhalt hatte. Dieser Regierungsentwurf sollte am 11. Juli in den Ministerrat eingebracht und noch vor der Sommerpause in der Volkskammer behandelt werden. Es gab also trotz vieler Unterschiede in den Einzelregelungen ein großes gemeinsames Interesse in den verschiedenen Fraktionen der Volkskammer und selbst in der Regierung, die Vermögensübertragung im Sinne der Kommunen schnell voranzutreiben.

Ohne genaue Kenntnis von dem Regierungsentwurf kamen wir in unserer Fraktion auf den ziemlich klugen Einfall, die Gesetzentwürfe zur »Entpolitisierung« federführend in den Ausschuss für Verfassung und Verwaltungsreform zu überweisen, was auch ohne Gegenstimme erfolgte. Wir hatten uns überlegt, dass es hier eine eindeutig positive Interessenlage aller, auch der Regierungsvertreter, für das Gesetz geben müsste. Als ebenfalls entscheidend für den Erfolg erwies sich die rasante Beratungsgeschwindigkeit. Schon in der nächsten Woche sollte die zweite Lesung stattfinden. Und tatsächlich war das Gesetz bereits nach einer Woche, am darauf folgenden Freitag, wieder in 2. Lesung auf der Tagesordnung der Volkskammer. Als Wolfgang Ullmann die Beschlussempfehlung des Verwaltungsreformausschusses vortrug, gab es zwar noch eine Bombendrohung, sodass die Sitzung unterbrochen werden musste, und auch zwischen 2. und 3. Lesung waren Beratungen im Ausschuss notwendig, doch noch am Nachmittag des 6. Juli 1990 wurde mit einer Gegenstimme und einer Enthaltung das Kommunalvermögensgesetz, wie es jetzt hieß, beschlossen.

Eine ostdeutsche Erfolgsgeschichte

Im ersten Paragraphen des Gesetzes stand in schnörkelloser Eindeutigkeit: »Volkseigenes Vermögen, das kommunalen Aufgaben und kommunalen Dienstleistungen dient, wird den Gemeinden, Städten und Landkreisen kostenlos übertragen.«

Wir sollten uns heute wirklich einmal verdeutlichen, in welch atemberaubender Geschwindigkeit ein absolut essentielles Gesetz geschrieben, eingebracht, beraten und verabschiedet wurde! Und wir sollten vielleicht auch etwas traurig sein und dabei mit uns selber ins Gericht gehen, statt mit den westdeutschen Beratern zu hadern, warum uns solche ostdeutschen Gemeinschaftsleistungen nicht öfter gelungen sind. Wir, und damit meine ich nicht meine kleine Bündnis 90/Die Grünen-Fraktion, sondern wir alle als ostdeutsche Abgeordnete aus Koalitionsfraktionen, Opposition und die Verantwortlichen in der Regierung haben mit diesem einzigartigen Erfolg ganz klar ostdeutsche Interessen vertreten und einen erheblichen Vermögensanteil der kommunalen Ebene übertragen und damit dezentralisiert!

Natürlich passte dieses Gesetz nicht allen, denn es begrenzte die Macht von Bund und Ländern und verhinderte Einflussnahmen, wie sie so oft in diesen Tagen eine Rolle spielten. Leider hat diese Geschichte noch ein wahres Nachspiel, über das wir heute eher schmunzeln können als vor 20 Jahren. Es macht leider deutlich, wie sehr die hier geschilderte Geschichte eine Ausnahme war. Als ich in der Woche nach der Beschlussfassung in der Volkskammer im Sachverständigenbereich im Wirtschaftsministerium im alten DDR-Außenhandelsministerium Unter den Linden saß, kam am Ende der Sitzung ein Bonner Beamter auf mich zu, den ich nicht kannte, und fragte mich, was das für ein Gesetz sei und wies dabei auf das hier beschriebene Kommunalvermögensgesetz. Er fügte hinzu: »Das kann aber so nicht beschlossen werden.« Ich sagte: »Das haben wir aber bereits verabschiedet.« Er: »Das kann nicht sein, das haben wir in Bonn noch gar nicht gesehen.« Ich antwortete nur: »Das kann stimmen, das haben wir nämlich selber geschrieben!«

(1) Felix Christian Matthes: Stromwirtschaft und deutsche Einheit, Berlin 2000, S. 336ff.

(2) Protokolle der Volkskammer der DDR, 10. Wahlperiode (vom 5. April bis 2. Oktober 1990/ Nachdruck, Deutscher Bundestag, Berlin 2000, 1. Lesung Kommunalisierungsgesetz, S. 789ff, 2. Lesung S. 906ff, 3. Lesung 916f, Internetportal: http://biosop.zhsf.uni-koeln.de/ParlamentarierPortal/volkskammer.htm.

Katharina Nötzold, Berlin

Träume werden anders wahr

Es gibt Momente, da trifft es mich fast wie ein Blitz und ich fühle mich schlagartig in das Jahr 1989 oder davor zurückkatapultiert. Vor einiger Zeit hatte ich wieder so ein Erlebnis. Ich kramte in einer Kiste und fand meinen Ordner, in dem ich meine Schulzeugnisse und andere Auszeichnungen aus meiner Kinder- und Jugendzeit aufbewahrte. Ich las die jährlichen Beurteilungen meiner Klassenlehrerinnen wieder und musste lachen, wie sie offensichtlich voneinander abschrieben, denn einige Aussagen über mich zogen sich wie ein roter Faden durch meine Schulzeit – selbst der Wortlaut blieb gleich.

Ich war eine gute Schülerin, mein gesellschaftliches Engagement stellte ich durch den Besuch der Musikschule unter Beweis und jedes Jahr erhielt ich eine Urkunde für sehr gutes Lernen in der sozialistischen Schule. Damit einhergehend wurde den Arbeitgebern der Eltern per Brief gedankt, dass sie die Eltern unterstützten, ihre Kinder im sozialistischen Sinne zu erziehen. In meinem Falle lag die Ironie darin, dass diese Art Dankesbriefe an das Evangelisch-Lutherische Pfarramt in Leipzig-Connewitz gesendet wurde; mein Vater war dort Pfarrer. Er erzählte mir belustigt, wie seine Kollegen und er sich feixend über diesen Dank amüsierten.

Sozialistisch bin ich jedenfalls nicht erzogen worden: Es gab bei uns zu Hause weder die SED-nahe Leipziger Volkszeitung noch DDR-Radio, sondern ich wurde mit den Nachrichten des Deutschlandfunks groß. Von dort kannte ich die Namen westdeutscher Politiker, aber die Beschlüsse von Parteitagen der SED und 5-Jahrespläne nur aus der Schule. Bei uns zu Hause wurde politisch diskutiert, wir hatten immer viele Gäste aus Partnerkirchen aus Westdeutschland, zum Lutherjubiläum einen Pfarrer aus Japan oder sogar den Generalsekretär des Lutherischen Weltbundes zu Besuch in unserem Pfarrhaus, auch dank der großen Gastfreundschaft meiner Mutter. Meine Eltern waren keine Bürgerrechtler oder Oppositionelle, trotzdem standen sie dem DDR-Regime kritisch gegenüber.

Beim Kramen in der Kiste fand ich auch die Briefe, die mein Erwachsenwerden einläuteten. Ich war in der 7. Klasse nicht in die Freie Deutsche Jugend (FDJ) eingetreten, da für mich klar war, dass ich mich entscheiden musste: Entweder war ich engagierte Christin oder Sozialistin. Dienerin zweier Herren wollte ich nicht sein. Es gab in meinem Umfeld Freunde oder Bekannte, die mit mir zum Konfirmandenunterricht gingen und gleichzeitig in die FDJ eingetreten waren. Aus rationalen Gründen konnte ich das bei einigen nachvollziehen, vor allem wenn sie keine Eltern hatten, die bei der Kirche angestellt waren – sie mussten somit hautnah mit dem Druck vom sogenannten sozialistischen Arbeitskollektiv umgehen. Ich entschied mich ausschließlich für die Konfirmation und gegen eine Mitgliedschaft in der FDJ, obwohl ich wusste, dass das Konsequenzen für meine weitere Zukunft haben würde. Trotzdem hoffte ich, dass ich vielleicht übersehen und damit irgendwie durchrutschen konnte oder das System »gnädig« sein würde.

In meinem Lebenstraum wollte ich die große weite Welt bereisen. Deshalb wollte ich als Kind Missionarin werden: nicht um Leute zu missionieren, sondern es erschien mir als Möglichkeit in exotischste Weltgegenden zu reisen. Mir hatte es Papua Neuguinea angetan, ausgelöst von den Tätigkeiten des Leipziger Missionswerkes. Etwas später, in der 5. Klasse, klärte ich meine Mitschüler über die Indianer auf, während ich in der 6. Klasse meine Südsee-Polynesien-Phase durchlebte und gleichzeitig mit Thor Heyerdahl auf der Kon-Tiki und seinen anderen Schiffen zumindest in Gedanken um die Welt segelte. Danach interessierte mich Skandinavien, ausgelöst durch meine frühjugendliche Schwärmerei für die norwegische Popgruppe a-ha, doch je mehr und ernsthafter ich mich mit der Region beschäftigte, umso mehr faszinierte mich der sozialdemokratische Geist Skandinaviens, vor allem die Gleichberechtigung zwischen Mann und Frau, denn sie schien ehrlicher zu sein als die staatlich verordnete Gleichberechtigung in der DDR. Zwar gab es in der DDR zum Internationalen Frauentag am 8. März für Frauen Blumen, ja sogar Pralinen; auch waren die meisten Frauen berufstätig, aber letztlich hatten nur wenige von ihnen sichtbare Führungspositionen inne und die Doppelbelastung blieb an ihnen hängen, nicht an den Männern. Das aufgeklärte Skandinavien wollte ich also erleben und Nordistik an der Universität in Greifswald studieren.

Meinen Eltern und letztlich auch mir war bewusst, dass ich keine Chance hatte, weil ich politisch nicht den Anforderungen entsprach, aber trotzdem wollte ich nichts unversucht lassen, um für meinen Traum zu kämpfen. Vermittelt durch einen Theologieprofessor in unserer Kirchengemeinde schrieb mein Vater einen Brief an einen Professor für Nordistik in Greifswald, um meinen Studienwunsch kundzutun. Ich weiß leider nicht, was genau mein Vater geschrieben hat, da ich davon keine Kopie besitze. Aber ich besitze noch die Antwort des Professors. Obwohl seither über 20 Jahre vergangen sind, traf mich dieser Brief ziemlich unvermittelt mit all seiner Wucht. Plötzlich musste ich weinen – aus Wut und Erleichterung: Wut, weil mir missfiel, dass staatliche Studienplanungskommissionen meine Lebensplanung in der DDR beeinflusst hätten und Professoren wissbegierigen jungen Leuten vom Studium abrieten, da sie wussten, dass nur politisch konforme Personen zugelassen wurden; Erleichterung, weil alles anders kam: Durch die Herbstereignisse 1989 gab es in meinem Leben tatsächlich eine Wende.

Der Professor schrieb ausdrücklich als Privatperson, dass er »am liebsten sagen würde, [dass] Ihre Tochter ihren Studienwunsch Nordistik aufgeben sollte. Aber ich habe nicht das Herz dazu und außerdem würde ich mich fast strafbar machen, denn jeder hat das Recht, sich bei uns zu bewerben.« Er schloss den Brief damit, dass es sich »natürlich um ein Studium mit wichtiger politischer Akzentuierung handelt, für das auch das entsprechende Maß an Engagement gefordert wird.« Mir war klar, dass ich dort nie aufgenommen werde. Außerdem spürte ich, dass meine »nichtrealsozialistische« Sozialisierung langsam aber sicher nachhaltigere Konsequenzen hatte.

Als ich mich 1987 mit zwei Mitschülerinnen für die Aufnahme in die Sprachspezialklasse für Latein und Altgriechisch an der Erweiterten Oberschule ab Klasse 9 bewarb, hätte ich mir auch gleich selbst die Antwort geben können: dass ich keinen Schulplatz erhalten würde, da ich mich ausschließlich für die Konfirmation entschieden hatte. Aber gab es da nicht auch die Fälle von anderen im Jahr davor, die trotzdem auf die Oberschule gehen durften? Die Hoffnung stirbt bekanntlich immer zuletzt – auch bei mir. Also bewarb ich mich trotzdem.

Eines Tages rief unsere Direktorin meine beiden Mitschülerinnen und mich vor Beginn des Sportunterrichts ins Lehrerzimmer. Als die Direktorin erklärte, dass sie mit meinem Fall anfängt, wusste ich sofort, dass das für mich nur eine schlechte Nachricht bedeuten kann. Und trotzdem hoffte ich in den verstreichenden Sekunden, dass noch irgendein Wunder geschieht. Stattdessen erklärte sie mir, dass es keinen Schulplatz für mich an der Oberschule gäbe und uns im Raum war bewusst, dass die angeführten Kapazitätsprobleme für diese Sprachklasse vorgeschobene waren. In dem Moment fühlte ich alle Blicke auf mich gerichtet und es fühlte sich so lächerlich an, wie wir in unseren Trainingsanzügen im Lehrerzimmer saßen. Innerlich hätte ich heulen oder schreien können, weil ich fühlte, wie meine Träume zerplatzten. Trotzdem befahl ich mir, besonders cool zu wirken, damit ich niemandem zeigte, wie verletzt ich wirklich war. Die Oberschule war Voraussetzung für ein Studium. Ich war eine sehr gute Schülerin, wissbegierig, interessiert und das sollte mir nun also vorerst verwehrt bleiben? Das ging nicht!

Meine beiden Mitschülerinnen hatten ihre Schulplätze erhalten und wir trabten zurück zum Sportunterricht – ich wie betäubt. Meine Schulfreundin, die einen Platz erhalten hatte, versuchte mich zu trösten, aber das half natürlich überhaupt nichts. Ich war froh, als der Schultag zu Ende war und ich nach Hause gehen konnte. Normalerweise nutzte ich meinen eigenen Schlüssel, aber diesmal klingelte ich und mein Vater öffnete die Tür. Ich sehe ihn noch immer vor mir, denn er hatte seine Kochschürze um – es war Mittag – und ich fiel ihm heulend in die Arme und hielt ihm unter Schluchzen den braunen Umschlag vom Kreisschulrat entgegen: »Ich darf nicht auf die Oberschule«. Seine Antwort: »Katharina, wir werden kämpfen. Das verspreche ich dir!« Und das war das beste Gefühl an diesem Tag, denn es bedeutete ein Ende der Ohnmacht. Wir wussten nicht, ob wir Glück haben würden, aber schon das Versprechen, dass meine Eltern gegen diese Entscheidung protestieren werden, gab mir etwas Mut zurück.

Mein Vater schrieb sogleich einen Brief an den Kreisschulrat – es gab eine 14-tägige Widerspruchsfrist. Wir warteten vergeblich auf Antwort. Wiederholte Anrufe in der Behörde wurden von der Sekretärin mit dem Hinweis beschieden, dass wir schon noch von ihnen hören würden. Die Zeit verstrich, ich litt, denn meine Freundin hatte schon ihre neuen Klassenkameraden gesehen und schmiedete Pläne, während ich mir vorstellte, zwei weitere Jahre unterfordert an der Allgemeinbildenden

Polytechnischen Oberschule zu »versauern« und dann erneut um einen Oberschulplatz zu kämpfen.

Dann geschah doch ein Wunder.

Die Mutter meiner damaligen Schulfreundin war Lehrerin an einer Sportschule und politisch in der SED engagiert. Ihr tat jedoch leid, wie ich litt und sie merkte, dass wir hingehalten wurden, damit die 14-tägige Beschwerdefrist verstrich. Da ihre Kollegin die Frau des Kreisschulrates war, rief sie meine Eltern an, um ihnen die Privatnummer des Schulrates mitzuteilen, mit dem Hinweis, ihn persönlich anzurufen. Ich rechne es meinen Eltern noch heute hoch an, dass sie trotz großer Bedenken die Privatnummer gewählt haben. Dem Schulrat war das Verhalten seines Sekretariats peinlich und meine Eltern erhielten einen Gesprächstermin, um ihren Widerspruch noch einmal mündlich vorzutragen. Obwohl ich nach DDR-Recht mit 14 Jahren schon als Erwachsene galt, durfte ich an diesem Gespräch nicht teilnehmen. Meine Eltern kehrten mit der Auskunft zurück, dass ich mich nach der 10. Klasse erneut für einen Oberschulplatz bewerben könne oder aber nach den Sommerferien einen Platz in einer Tschechischklasse annehmen konnte, der laut Schulrat angeblich zurückgegeben wurde. Die Begründung, dass ich einen zurückgegebenen Platz erhalten konnte, war vollkommen absurd und wir glaubten es nicht, denn wer gab schon einen Oberschulplatz zurück? Aber egal. Und Tschechisch? Das war nun sehr weit von Latein und Altgriechisch und all meinen Träumen entfernt! Da ich keine schriftliche Garantie für einen Oberschulplatz nach der 10. Klasse hatte, entschied ich mich mit den Worten: »In der Not frisst der Teufel Fliegen.«, Tschechisch zu lernen. Immerhin gehörte die Tschechoslowakei doch zu den wenigen sozialistischen Bruderländern, in die wir reisen durften. Da war mir auch egal, dass die Oberschule, die den Tschechischunterricht anbot, als »rotes Kloster« galt, wo die Lehrer und Lehrerinnen besonders scharf waren, politische Linientreue durchzusetzen – ich war es ja gewohnt, dass ich meine eigene Meinung hatte und ich hoffte, dass ich auch dort einige Andersdenkende treffen würde.

Als ich am ersten Schultag dort auftauchte – im Gegensatz zu den meisten trug ich kein blaues FDJ-Hemd – stellten mich meine neuen Mitschülerinnen sofort einer anderen Mitschülerin ohne FDJ-Hemd vor, auch sie Pfarrerstochter und genau wie ich über Umwege an dieser Schule gelandet. Nach und nach lernten wir uns kennen, und es entstand eine Gruppe, die politisch so aktiv wurde, dass sie in den aufregenden Herbsttagen 1989 und Anfang 1990 die ersten Schülerdemonstrationen organisierte, einen ersten freien Schülerrat aufbaute und versuchte, sich von den Lehrern zu befreien, die Andersdenkende vorher schikaniert hatten. Plötzlich war das »rote Kloster« eine Keimzelle von Rebellion geworden. Verunsichert durch die sich überschlagenden politischen Ereignisse und durch die neue Macht des Schülerrats verabschiedeten sich die ehemals linientreuesten Lehrer still und leise. Niemand vermisste sie.

Als ich 1991 mein Abitur ablegte, stand mir die Welt offen: Wir hatten uns 1989 das Recht auf freie Meinungsäußerung friedlich erkämpft, ich konnte reisen, ging für ein Jahr in die USA und dann studierte ich endlich das, was mich brennend interessierte: Politikwissenschaft, Ethnologie, Amerikanistik und später auch Nahostwissenschaften, ohne, dass mir noch irgendeine staatliche Kommission hineinreden konnte, dass und was ich im Dienste eines Staates studieren müsse.

Die neu gewonnene Freiheit habe ich genutzt, um meine Kindheits- und Jugendträume zu erfüllen. Ich habe in Großbritannien und Frankreich studiert, in Jordanien Arabisch gelernt, im Libanon für meine Promotion über arabische Medien geforscht und für mehrere Jahre in London gearbeitet, lebe in Berlin ganz in der Nähe der Bornholmer Straße, wo ich früher ohnmächtig vor Wut mit der S-Bahn an der unüberwindbaren Seite der Mauer vorbeigefahren bin, und arbeite im ehemaligen Westteil der Stadt. Nur in Papua Neuguinea und in Norwegen war ich noch nicht … Träume ändern sich manchmal doch.

Dietmar Passenheim, Marburg

Manchmal fühle ich mich wie im Film

Das Jahr 1990, nach dem Fall der Berliner Mauer, sollte eines der erlebnisreichsten Jahre meines Lebens werden.

2. Januar 1990: Die Stimmung in der »Heldenstadt« Leipzig ist, nach einer einzigartigen, enthusiastischen Silvesternacht im Freiheitstaumel, eine Mischung von Zuversicht, Optimismus, Unsicherheit und Angst um den Arbeitsplatz. Ich bin neugierig, Angst habe ich nicht. Ich hatte schon immer ein sehr turbulentes, wechselhaftes Berufsleben, das sehr interessant und einzigartig war, und habe mich oft in meinem Leben durchgesetzt.

Mit fast 40 Jahren wage ich wieder Mal einen beruflichen Neuanfang. Ich muss es nicht tun. Nach bisher acht anderen Jobs möchte ich nur wieder Mal etwas Neues ausprobieren. Deshalb habe ich vor zwei Monaten meinen bisherigen und verantwortungsvollen Job gekündigt. Es ist eine bewusste Entscheidung, Hotelportier und Wagenmeister zu werden. Manche meiner Exkollegen, Architekten, Technologen, Werbeleiter und Betriebsdirektoren, bedauern meine Entscheidung und einige belächeln mich dafür. In ihren Augen habe ich mich zum Kofferträger degradiert. Andere beneiden mich, weil die Mitarbeiter dieses besten und größten Hotels der Stadt, Trinkgeld in DM erhalten und damit als privilegiert gelten. Drei Monate später, auf meinem ehemaligen Messestand, werde ich von allen Ex-Kollegen ehrfürchtig angesehen und bewundert. Sie sagen, ich sei unserer Zeit voraus gewesen. Die Ministerien der DDR werden aufgelöst, damit alle Messe und Werbebüros.

Der Personalbestand des von Japanern gebauten Luxushotels hat sich seit der Hotel-Eröffnung im Oktober 1980 nur unwesentlich verändert.

Nun sind die Grenzen nach Ungarn geöffnet. Dem Luxushotel läuft plötzlich sehr viel Personal weg und es sucht neues, zuverlässiges Personal. Der große Personalchef hat einen Kommandoton. Beim Bewerbungsgespräch sagt er mir, ein Ex-Offizier der Nationalen Volksarmee: »Ich kann das alles absolut nicht verstehen. So viel gutes Personal, das seit der Eröffnung, also schon seit zehn Jahren, dabei ist, läuft einfach und vor allem so blind davon. Sie haben sich alle freiwillig dem Klassenfeind ausgeliefert und werden es noch bereuen.« Er ist zutiefst davon überzeugt.

Früher hatte ich häufig die Gelegenheit, die DDR illegal zu verlassen. Ich war auch zweimal privat in Westdeutschland und West-Berlin. Freunde, die wir zu Verwandten erklärten, haben mich zu familiären Ereignissen eingeladen. Ich sehe alles realistischer. In West-Berlin hat man mir im letzten Jahr bei der Übergabe des Begrüßungsgeldes einen Job und Wohnungshilfe angeboten, aber ich lehnte dankend ab. Ich bin auch beim zweiten Besuch gern zu meiner Familie zurückgefahren. Schweigsam und lächelnd, stimme ich dem Personalchef zu. Ich möchte nur den Job, und ich bekomme ihn.

So habe ich mir meinen ersten Arbeitstag im Luxushotel der Großstadt allerdings nicht vorgestellt. Am späten Abend melde ich mich zum Nachtdienst, in einem Kleinbus vor dem Hoteleingang. Dort werde ich von einem Kollegen kurz und knapp in meine Aufgaben eingewiesen, dann bin ich allein. Das Hotel mit seinen 500 Zimmern und alle Restaurants sind komplett geschlossen. Jedes Jahr ist im Hotel Kakerlaken-Jagd. Ich habe die Aufgaben, zimmersuchende Gäste auf die kurze Schließzeit aus »dringenden technischen Gründen« hinzuweisen und Kontrollrundgänge im Hotel durchzuführen. Bewaffnet mit einer Taschenlampe und einem dicken Schlüsselbund laufe ich, der neue Wagenmeister, den noch niemand kennt, mit Schirmmütze, Mantel mit goldenen Schulterstücken und Kordel durch das leere und stille Luxushotel. Ich bin einsam in der großen, hellerleuchteten, glitzernden und menschenleeren Empfangshalle. Die Aufzüge sind abgestellt. Zweimal laufe ich in der Nacht durch die vielen, leeren und verlassenen 26 Hoteletagen, treppauf und treppab, auf den Notfalltreppen.

Dann ist der Spuk vorbei. Ich erlebe erstmals das feudale Hotelleben – vor und auch hinter den Kulissen. Das Luxushotel ist seit Monaten ausgebucht und so bleibt es auch. Meine Einweisung erfolgt während den massenhaften An-und Abreisen. Manchmal fühle ich mich wie im Film und verzichte oft gern und freiwillig auf Pausen, zum Wohle meiner Gäste. Es ist sehr stressig, aber alles macht mir sehr viel Spaß.

Für die Tätigkeit als Hotelportier gibt es keine Ausbildung. Quereinsteiger wie ich, die eine innere Herzlichkeit, Geduld, eine langjährige Menschenkenntnis, Einfühlvermögen und Verständnis besitzen, sind die diskreten und unauffälligen Helfer und Partner der Gäste. In all meinen unterschiedlichen Jobs habe ich immer und gern mit vielen Menschen Kontakt gehabt.

Oft erzählt der Gast nur dem Portier, was er von seinen Aufenthalt wirklich denkt, und sagt ihm natürlich auch, was ihm nicht gefallen hat und warum. Viele Gäste öffnen sich dem Portier, »wenn die Chemie zwischen beiden stimmt«. Gäste berichten oft von ihren beruflichen, privaten und gesundheitlichen Sorgen und Problemen. Man diskutiert über das Wetter, Geld, Frauen, Kinder, Hunde, Welt und Politik. Für manchen Gast ist das Hotel ein Zuhause und der Portier ist sein Pförtner, Hausangestellter und Partner, auf den er sich absolut verlassen kann.

Im Concierge Bereich wird ein neuer Mitarbeiter gesucht. Es ist meine Chance, kein anderer Portier oder Wagenmeister möchte hinter den Tresen. Diese höhere Funktion bedeutet viel mehr Verantwortung und Stress, aber es macht mir viel Spaß, und darauf kommt es mir im Leben an.

Mein Tresen wird täglich von vielen Gästen belagert, denn das Hotel hat 500 Zimmer. Im täglich ausgebuchten Hotel, wo notfalls auch die Besenkammern notdürftig ausgestattet und vermietet werden, habe ich sehr viel zu tun und realisiere teilweise erstaunliche Dinge. Beziehungen habe ich mir dafür aufgebaut. Ich erlebe sehr viele und oft unglaublich erscheinende Geschichten. Ich organisiere Veranstaltungskarten, Transfers, Flugtickets, Medikamente, Babysitter, Blumen, Geschenke, Hundesitter, Restaurantreservierungen, Hotelzimmer, Limousinen, Taxiservice u. v. a. m. Mir geht es ähnlich, wie Michael J. Fox im Film »Ein Concierge zum Verlieben«. Schwierig Erscheinendes löse ich und finde immer eine Lösung für ein Problem. Ich liebe die Herausforderung. Ich habe immer einen Plan und bin ein Teil seiner Lösung. Ich fühle mich für mehr als meinen Job verantwortlich.

Januar 1990: Mit einem Freund fahre ich mit dem Zug nach Kassel. Im Dezember habe ich zu meiner Überraschung eine Einladung in eine PC-Firma erhalten. Anlass war ein Zeitungsinserat in einer Leipziger Tageszeitung, wo PCs angeboten wurden. In einem Brief hatte ich mich vorgestellt und nach Preisen von PCs gefragt, für meine ehrenamtliche Vereinstätigkeit des 1986 gegründeten, privaten Vereins, die IG Taschenkalendersammler Deutschland. Die Firma Bernhard Starke lud mich daraufhin sofort ein.

Fahrt und Spesen werden vom Inhaber bezahlt. Der Firmenchef empfing uns persönlich. Von der Wende tief berührt, will er viel über Leipzig und unsere Demos wissen. Danach erhalten wir eine Betriebsbesichtigung bei der mir die Bedienung eines PCs erklärt wird.

Eine Limousine begleitet uns am Nachmittag zum Hauptbahnhof Kassel, wir sind bepackt mit mehreren schweren Kartons, einem großen PC »Alphatronic Modell P3«, einem Drucker und allem Zubehör. Auf dem Lieferschein steht: »ohne Kosten«.

Mitternacht komme ich zu Hause an, Frau und Kinder trauen ihren Augen nicht, als ich den PC aufbaue und vorführe, sie glauben zu träumen. Aber der Traum ist Wirklichkeit und ein sehr deutlicher Ausdruck von zwei deutschen Staaten, die sich nach 40 Jahren wieder vereinigen.

Februar 1990: Auf Einladung meiner Brieffreundin Regina und ihres Mannes Thorsten bin ich auf Grund des Mauerfalls per Telegramm nach Bremen eingeladen, zum Fußballspiel von Werder Bremen. In der dritten Reihe sehe ich Diego Maradona spielen und verlieren.

Im Juni 1990 entschließen wir uns spontan für eine Drei-Tage-Busreise nach Paris. Die DM reicht nur zur Bezahlung der Busreise, noch haben wir Ostmark. In Paris leisten wir uns aber immerhin den Besuch eines Cafés.

November 1990: Der Bambi reist zur Verleihung des Medienpreises zum ersten Mal in eine ostdeutsche Stadt und die meisten Stars wohnen natürlich im größten Leipziger Luxushotel. Der älteste deutsche Medienpreis möchte den Menschen Mut machen. Hundert schwarze Daimler-Limousinen von Regine von Sixt mit geleasten Chauffeuren und gefüllten Champagnergläsern fahren im Minutentakt vor das Hotelportal. Otto Walkes, Alice Schwarzer, Hella wie von Sinnen, Außenminister Hans-Dietrich Genscher, Harald Juhnke, O. W. Fischer, Karl-Heinz Böhm und viele andere sind hier. Nach der Verleihung glitzern die Bambis in den Händen der glücklichen Preisträger, die das Hotelpersonal stolz anstrahlen, und sie begeben sich direkt in den Ballsaal des Hotels.

Bald wird die Hotelnachtbar verpachtet, das 1. Spielkasino der Stadt zieht ein. Kellner wechseln ihren Job, schulen um zum Croupier. Nun fahren jeden Abend nagelneue Nobelkarossen vor die Tür, deren Benutzer mir, dem Portier, äußerst lässig ihre Autoschlüssel zuwerfen. Neureiche Großbauern geben äußerst großzügige Trinkgelder, wenn sie in der Früh erfolgreich aus dem Casino kommen. Wenige Monate später gehören diese Gäste nicht mehr zu den Besuchern.

März 1991: Ein Ford Viesta 1,4 CLX wird mein erstes Auto, ein Jahreswagen. Den Führerschein habe ich schon seit 1972. Seit ich im Hotel arbeite, habe ich mir Fahrpraxis angeeignet.

Wenige Wochen später sind wir mit unserem kleinen, blauen Ford in München, ich bin zu einem Erfahrungsaustausch in ein Sheraton Hotel eingeladen. Es ist meine erste lange Autofahrt. Kurz darauf fahren wir mit unseren zwei Kindern 2.500 km, schauen uns den Schwarzwald, Luxemburg, die Schweiz und Österreich an.

Januar 1993: Das 5-Sterne Interhotel Merkur erhält einen Pächter und erstmals einen neuen Namen. Es wird ein Interconti Hotel. Mit seinen nur noch 370 Mitarbeitern gehört es nun zu den »Leading Hotels of the World«. Entsprechend der Norm der Hotelkette wird vieles umgebaut und umstrukturiert. Die Conciergerie wird eingespart. Ich führe meine Arbeiten fort, bin nun zusätzlich auch Rezeptionist und Telefonist. Das gesamte Personal erhält Trainingswochen. Wir werden kostenlos geschult, weil alle »Ossis« als unerfahren betrachtet werden. Professionelle Trainer schulen das Personal. Ich fühle mich bestätigt, ich arbeite schon immer so, wie die Trainer es sich vorstellen, fordern und vermitteln. Für alle Mitarbeiter gibt es außerdem einen Englischtest, dem ich sehr skeptisch entgegenfiebere. In der Schule habe ich nur Russisch gelernt. Weil mir Russisch langweilig und ich nur mittelmäßig war, durfte ich keine andere Sprache dazu erlernen. Englisch habe ich mir, schon in den 70er-Jahren mit meiner Korrespondenz (ich habe viele Brieffreunde auf allen Kontinenten) selbst angeeignet. Den Test bestehe ich auf Anhieb mit Bravour und gehöre nun zu den Fortgeschrittenen.

Juni 1994: Ich habe im Hotel Interconti gekündigt. Mich reizt die Neueröffnung eines Luxushotels. Ich habe mich wieder als Portier beworben, obwohl ich auch die Vorrausetzungen habe, in der Rezeption, im Marketing und in der Buchhaltung tätig zu sein. Ich werde wieder Portier, man nennt ihn hier Page. Nahe der City, aber mitten im Grünen, folgen mir neugierig auch viele Stammgäste. Die Eröffnung wird ein großartiges Stadtteilfest. Zu den Stammgästen des Lindner Hotels Leipzig, einer großen privaten Hotelkette, zählen jährlich Steffi Graf und alle der deutschen und internationalen Damen-Tennis-Elite.

Januar 1995: Heute bin ich so aufgeregt wie ein Kind. Ich bin wie im Rausch und unheimlich glücklich. Mein absoluter Superstar kommt ins Hotel. Als Kind habe ich heimlich auf Radio Luxemburg und im Deutschen Soldatensender seine Lieder gehört. Gleich nach dem Mauerfall war ich auf meinem ersten Live-Konzert in der Deutschlandhalle in Berlin. Für meinen Star darf ich kurzfristig und schnell am Rande der Stadt eine Massageliege ausleihen. Ich hole die Massageliege mit der Hotellimousine ab. Auf dem Rückweg werde ich in einer 30 km/h Zone mit 50 km/h geblitzt. Solche Vergehen zahlt ein Portier natürlich selbst. Aber ich habe das für meinen Star gemacht und sehe das heute nicht so verbissen. Am Abend bin ich natürlich auf seinem Konzert. Am nächsten Morgen warte ich aufgeregt und ungeduldig wie ein kleines Kind mit einem Kofferwagen vor der Suite des Stars. Udo Jürgens kommt mir strahlend entgegen. Ich sage, dass mir das Konzert sehr gut gefallen hat, und er antwortet sehr bescheiden: »Ich danke Ihnen sehr dafür.« Er hinterlässt Freikarten. Am nächsten Abend, in einer anderen Stadt, sitze ich mit meiner Frau und Hotelkollegen in der 1. Reihe, er winkt mir zu, und ich fühle mich ihm wieder hautnah. (Im Leben sieht man sich mindestens zweimal, prophezeit mir oft meine Tochter. Es sollte nicht die letzte Begegnung zwischen dem Chefportier und seinem großen Star sein. Wenige Jahre später wohnt mein Udo Jürgens im First Class Hotel Kempinski, und ich darf ihm ganz allein das historische Serpentinzimmer zeigen.)

Februar 1996: Nach zwei Jahren hat das Lindner Hotel seinen Glitzer verloren, die Stadt erhält weitere Luxushotels. Ich kündige. Bei der prunkvollen Eröffnung des Kempinski Hotels gehöre ich wieder zum Eröffnungspersonal. Ich werde 1. Wagenmeister. Meine Mitarbeiter, die nie zuvor in diesem Job gearbeitet haben, bilde ich perfekt aus. Von meinen Erfahrungen im Concierge-Bereich profitiert das Hotel.

Oktober 1996: Meine 2. Bambi Verleihung. Wieder steigen viele Promis in »meinem« Hotel ab. In der Nacht der Verleihung bitten mich zwei Preisträger, auf ihre Bambis aufzupassen, während sie in der Bar sind. Mehrere Stunden passe ich auf die bronzenen mit 18-karätigem Gold überzogenen Bambis auf. Ich begleite den Damen-Verehrer Rudi Carrell zum Wagen, der vor zwei hübschen Damen von mir unbedingt bestätigt haben möchte, dass ein Mann ein Kavalier sein muss und die in heutiger Zeit leider sehr rar sind.

März 1997: Ich treffe Rolf Biermann vor seinem Hotelzimmer. Er wurde nach seiner Ausweisung aus der DDR zur Legende, wir unterhalten uns sehr gut. Er schenkt mir sein Gedicht »Rheinfahrt« und signiert es.

Im April 1997 bin ich erstmals mit meiner Frau im sonnigen Süden. Auf Teneriffa in Puerto de la Cruz sehe ich erstmals Bananen und Zitronenbäume, was ohne Wiedervereinigung ein Traum geblieben wäre, wie manches andere auch.

Oktober 1999: Mit einem Aufhebungsvertrag habe ich das 5-Sterne-Hotel verlassen. (Später zieht sich auch das Hotelunternehmen aus der Stadt zurück.)

Ich habe mich beworben und erhalte in Baden Württemberg und Hessen Jobangebote. Ich entscheide mich für Hessen. Im Einstellungsgespräch sitzt mir ein Herr gegenüber, der kein 5-Sterne-Hotelwissen besitzt und sich scheut, mir in die Augen zu sehen. Wenige Monate später verlässt dieser Herr das Hotel. Vor zehn Jahren in der DDR haben wir seine Sorte davongejagt. Viele wurden nie bestraft, sie sind noch unter uns, sie sind nur untergetaucht, haben oft lukrative Jobs, obwohl sie viele freiheitsliebende, ehrliche und unschuldige Menschen verurteilt und bestraft haben. Aber so ist das ja nach jeder Diktatur.

Im letzten Moment droht meine Einstellung zu scheitern – wegen der teuren Wohnungen. Aber die Hotelbesitzer helfen mir gern und stellen mir ein bezahlbares möbliertes Appartement zur Verfügung. Zehn Jahre nach der Wende, gehe ich doch noch in den Westen.

November 1999: Ich gehöre wieder zum Eröffnungspersonal eines Luxushotels, meine dritte Hotel-Eröffnung. Es ist eine kleine, private Hotelgruppe. Das 5-Sterne-Hotel öffnet verhältnismäßig still und unter dem Logo: »Manchmal entstehen Dinge, die einzigartig sind.« Im Hotel arbeiten Mitarbeiter aus ca. 17 Nationen, die Arbeitsbedingungen sind sehr gut.

Januar 2000: Am 17.4.1970 startete die sozialistische Jugendzeitung »Junge Welt« ein Preisausschreiben. Die Teilnehmer sollten einen »Tagesablauf am 08.01.2000« beschreiben. Nun, 30 Jahre nach dem Preisausschreiben und 10 Jahre nach der Wiedervereinigung Deutschlands, findet doch noch die Prämierung der 500 Gewinner statt. Bis dahin habe ich eine auf Leinen gedruckte Einladung aufgehoben, die mich als einen der Preisträger ausweist. Ich fahre mit meiner Frau zu einem großen Bankett der »Jungen Welt« nach Berlin. Ein großer Berliner Radiosender interviewt mich, weil ich der Einzige der 500 Gewinner bin, der die deutsche Wiedervereinigung vorausgesagt hat. Sie fragen mich, warum ich das gesagt habe: Ich konnte mir nie vorstellen, dass mein Land für immer geteilt bleibt.

11.09.2001: Ich pendle wieder von Sachsen zurück zu meinem Arbeitsplatz nach Hessen. In den Nachrichten höre ich von den Ereignissen in New York. Während noch spekuliert wird, vermute ich schon einen Anschlag, als das erste Passagierflugzeug einschlägt. Ich habe eine spezielle militärische Ausbildung bei den Luftstreitkräften der DDR, kenne viele Piloten. In Alsfeld habe ich einen Besprechungstermin. In einem Büro sehe ich, wie das zweite Flugzeug in den Tower des World Trade Centers in New York stürzt. Der Weltfrieden ist akut gefährdet, und plötzlich erkennen viele Menschen, was das Wichtigste im Leben der Menschheit ist und wie schnell sich alles ändern kann.

Für meinen neuen Job pendele ich fast zwei Jahre, regelmäßig, ca. vier Stunden, wenn kein Stau ist, auf der Autobahn, die immer besser ausgebaut wird. Auf meinen vielen Fahrten höre ich vor allem die Lieder meines Idols, die mir im Leben immer wieder viel Mut machen und Kraft geben. Danke, Udo!

Mai 2009: Wir fliegen das erste Mal über den großen Teich. Wir sind in Amerika, in Seattle bei Freunden. Wir besuchen die Westküste und Kanada. Mein Freund Steven, Oberst der US Armee, war 1971–1974 in Darmstadt stationiert. Es ist eine deutsch-amerikanische Freundschaft, die ohne die Wiedervereinigung nicht möglich gewesen wäre.

August 2010: Unsere zwei Kinder sind erwachsen und setzen sich im Leben durch. Wir haben zwei Enkelkinder, das älteste hat Schulanfang. Die Zuckertüte erhält die Kleine, traditionsmäßig, von der Feuerwehr. In den alten Bundesländern ist der Schulanfang seltener ein besonderes Familienfest, die Zuckertüte heißt Schultüte und ist etwas kleiner. In diesem Monat sind wir 35 Jahre lang verheiratet. Gemeinsam sind wir stark, vor und nach der Wende. In beiden und unterschiedlichen gesellschaftlichen Systemen haben wir uns behauptet, auch wenn es manchmal nicht möglich oder nicht einfach erschien.

Wenn ich in Hessen ein Tonic bestelle, versteht man mich immer erst beim zweiten Mal. Soljanka und Ragout Fin kennt man hier nicht, und Bratkartoffeln sind sehr weit vom Braten entfernt. Äppelwöi hat meine Frau schätzen gelernt. Bundesländer haben ihren eigenen Dialekt und ihre eigenen Spezialitäten.

Gerald Praschl, Berlin

Aufregend frei

Wenn ich alles aufzählen sollte, was ich vermissen würde, wenn es die Revolution 1989 und die Wiedervereinigung ein Jahr später nicht gegeben hätte, würde das sicher den Rahmen dieses Buches sprengen. So will ich mich auf eine einzelne, wenn auch für mein Leben sehr wichtige Sache beschränken, die es ohne diesen großen Aufbruch 1989/90 garantiert nicht gegeben hätte: die Zeitschrift »SUPERillu«.

»Für ein offenes Land mit freien Menschen«, stand auf dem ersten Plakat, auf der ersten Leipziger Montagsdemo am 4. September 1989. Zwei junge Frauen, Gesine Oltmanns und Katrin Hattenhauer, hatten nur wenige Sekunden, um es in die Kameras der West-Presse zu halten, bevor Staatssicherheitsleute es ihnen entrissen. Aber diese Sekunden reichten, die Bilder gingen um die Welt.

Noch mehrmals in diesem Schicksalsherbst 1989 wurden die Journalisten, vor allem natürlich die Kollegen vom »Westfernsehen«, von Chronisten zu Hauptakteuren. Zum Beispiel, als die ostdeutschen Bürgerrechtler Siegbert Schefke und Aram Radomski es schafften, Fernsehbilder vom »Tag der Entscheidung«, der Leipziger Montagsdemo vom 9. Oktober 1989, zu drehen und diese Bilder, ausgestrahlt schon tags darauf in der ARD, hunderttausenden DDR-Bürgern Mut machten, auch auf die Straße zu gehen. Vom 9. November 1989 ganz zu schweigen, von dem man heute weiß, dass die Pressemeldung vom angeblichen Mauerfall zur selbsterfüllenden Prophezeiung wurde.

Das hat mal wieder gezeigt, dass freie Medien ganz schön viel bewegen können. Nicht nur für die Reise- und Meinungsfreiheit, sondern eben auch für die für uns Journalisten so wichtige Pressefreiheit haben die Montagsdemonstranten damals gekämpft. Mir selbst, 1968 im »Westen« geboren, waren diese Freiheiten lange Zeit eine völlige Selbstverständlichkeit. Dass sie das eben nicht sind, habe ich als typischer Vertreter der westdeutschen »Nutella-Generation« erst reflektiert, als ich im Spätherbst 1989 als junger Journalist zum ersten Mal in den Osten Deutschlands kam, wo die Menschen gerade um diese Freiheiten gekämpft hatten.

Als wir im Frühjahr 1990 in einer improvisierten Redaktion in einigen Zimmern des längst abgerissenen Ost-Berliner Palasthotels anfingen, uns Gedanken darüber zu machen, was in der neuen SUPERillu drin stehen soll, war die von den Montagsdemonstranten errungene Freiheit gerade mal ein halbes Jahr alt. Für mich und andere Kollegen, die damals aus Westdeutschland kamen, war der »wilde« Osten genauso aufregend wie für meine neuen ostdeutschen Kollegen der Westen, der gerade über sie hereinbrach.

Einige waren selbst Verfolgte des SED-Regimes gewesen. Andere hatten noch wenige Monate zuvor in den Redaktionen der SED-Zeitungen gearbeitet, für die »West-Verlage« wie Burda oder Springer, die »Feindpresse« waren, »Kampforgane des Klassenfeindes«. Geglaubt hat diese hohle SED-Propaganda sicher kaum ein Journalisten-Kollege, im Regelfall noch nicht mal die, die sie selbst zu Papier brachten. Und auch sicher kaum einer der Leser dieser Blätter. Aber eine gewisse Distanz und ein gewisses Misstrauen zwischen uns waren spürbar.

Da fiel, nach 28 Jahren Mauer und 40 Jahren deutscher Teilung, schnell auf, wie wenig wir eigentlich voneinander wussten.

»Aufregend frei«, war der Claim der ersten SUPERillu-Ausgabe, die in den letzten Wochen der DDR erschien. Die erste Ausgabe lag am Morgen des 23. August 1990 am Kiosk. Wenige Stunden zuvor, nachts um drei, hatte die DDR-Volkskammer den Beitritt der DDR zur Bundesrepublik beschlossen.

Aufregend abenteuerlich waren die Produktionsbedingungen. Nach den ersten Wochen, in denen die Redaktionskonferenzen in engen Hotelzimmern stattgefunden hatten, waren wir heilfroh, im Gebäude der einst linientreuen DDR-Presseagentur ADN einige freigewordene Büroräume ergattert zu haben. Aus denen wehte der Eishauch der Geschichte. Hier saßen noch ein Dreivierteljahr zuvor die »Betriebsparteiorganisation« der SED und Stasi-Leute, die sich mit der Überwachung der Kollegen einige Stockwerke tiefer beschäftigt hatten.

Die ersten SUPERillu-Hefte waren damals 70 Seiten dick, kosteten eine Mark. Was stand drin? Durchaus kritischer, harter Journalismus. Schlagzeilen aus einer Dezemberausgabe 1990: »Alte Seilschaften in Ost-Betrieben – Warum ist unser neuer Chef immer noch der alte?« »Sühne für den Stasi-Doppelmord«, »Braunkohlebagger – Lasst unser Dorf weiterleben!« Aber auch handfeste Erotik, in den drögen, von der Parteilinie bestimmten DDR-Medien 40 Jahre ein Tabu-Thema: »So mache ich ihm wieder Lust auf Liebe.« Aufregend frei eben. Und aufregend erfolgreich. Von der ersten Ausgabe an war SUPERillu die meist verkaufte Zeitschrift im Osten.

Die Erotik wird man heute in SUPERillu vergeblich suchen. Aber an vielen Punkten zählt auch heute noch das Erfolgsrezept von 1990. Kritischer Journalismus, Alltagsreportagen auf Augenhöhe, ein umfangreicher Ratgeberteil, der unseren Lesern Lebenshilfe bietet. Auch Stars, bewusst auch mit einer Betonung auf Stars, die aus Ostdeutschland stammen, spielen heute eine wichtige Rolle. Nicht wenige dieser vermeintlichen »Oststars« schafften übrigens ihren gesamtdeutschen Durchbruch.

Mir und vielen meiner Redaktionskollegen war es dabei auch immer wichtig, Berichten über die dunkelsten Seiten der DDR-Vergangenheit viel Raum einzuräumen. Es ist ein quälendes Thema, über das wir aber trotzdem dringend reden müssen. Auch heute, 20 Jahre später. Besonders quälend waren natürlich Diskussionen über die Stasi-Vergangenheit. Dass hieß für uns zum Beispiel, auf der einen Seite auch mit Hilfe der Stasi-Akten aufzuklären, welche Politiker, Journalisten oder sonstige gesellschaftlich relevante Menschen einst für die DDR-Staatssicherheit gespitzelt haben. Andererseits genau jenen, denen solche Vorwürfe gemacht werden, ein faires und offenes Gesprächsangebot zu machen. Ein Forum für eine offene Diskussion in oft unklarer »Gefechtslage« zu sein, das war und ist hier unser Bemühen.

Offene, lange Diskussionen führte ich sogar mit jenen, die für die SED-Diktatur maßgeblich verantwortlich waren, mit Ex-SED-Chef Egon Krenz zum Beispiel, Stasi-General Schwanitz und anderen hohen Stasi-Offizieren. Bei den meisten hatte ich den Eindruck, dass sie im Stillen durchaus nachdenklich sind. Sich aber sehr schwer tun, öffentlich für etwas um Verzeihung zu bitten. Oder gar zuzugeben, dass es sogar ihnen, den einst Privilegierten, heute mit (West-)Rente, Meinung- und Reisefreiheit viel besser geht als früher. Das kann dann schon mal wütend machen.

Bewegend waren dagegen für mich immer wieder die Begegnungen mit den Ostdeutschen, die mit ihrem Mut und ihrer Zivilcourage mit dem verlogenen, kriminellen und maroden SED-Staat 1989 Schluss gemacht haben. Bürgerrechtler, Montagsdemonstranten, Runde-Tisch-Aktivisten oder Stasidienststellen-Stürmer. Wie mutig waren sie, wenn ich mir auf der anderen Seite überlege, dass ich im selben Herbst 1989 als Westler schon bibberte, wenn mich einer dieser zackig-unfreundlichen DDR-Grenzer in Rudolphstein mal herauswinkte? Obwohl ich nicht, wie ein DDR-»Bürger«, dem Stasi-Apparat rechtlos ausgeliefert war, sondern einen dicken West-Pass in der Tasche hatte, der mich vor diesen Leuten schützte?

Ganz bewusst hat sich SUPERillu auch auf die Fahnen geschrieben, darüber zu berichten, was sich dank der gemeinsamen Anstrengung von Ost und West in 20 Jahren deutscher Einheit positiv entwickelt hat. Über große Erfolge, zum Beispiel von Unternehmern, aber auch über die kleinen Träume, die sich für viele Menschen aufgrund ihrer eigenen Leistung, aber auch dank der nach dem Ende des Sozialismus endlich viel besseren Rahmenbedingungen erfüllt haben. Auch gute Nachrichten sind Nachrichten. Was daran »Ostalgie« sein soll, weiß ich nicht. Oder ist es »Ostalgie«, aus den östlichen Bundesländern nicht nur im Zusammenhang mit vorhandenen oder auch manchmal übertrieben dramatisch dargestellten Problemen zu berichten?

Alles in allem, und das kann niemandem entgehen, hat der wirtschaftliche Neuanfang funktioniert, und die »blühenden Landschaften« tragen trotz aller Miesmache längst viele große Früchte. Eine Leistung, auf die vor allem die Ostdeutschen stolz sein können, denn sie hatten einen Großteil der Belastungen aus 40 Jahren deutscher Teilung und aus zwanzig turbulenten und zum Teil sehr schweren Wiederaufbaujahren zu tragen. Ein selbst erarbeiteter Wohlstand, der zusammen mit dem Stolz auf die selbsterkämpfte Freiheit vielen Ostdeutschen auch endlich wieder das Selbstbewusstsein gegeben hat, dass für eine Begegnung und ein Zusammenwachsen mit dem Westen »auf Augenhöhe« so unentbehrlich ist. Es wäre schön, wenn das langsam auch im Westen auffiele.

Paul-Josef Raue, Erfurt

»Eine Epoche beginnt zu schwanken«

Die Eisenacher Presse – die erste deutsch-deutsche Zeitung erscheint im Januar 1990 in Thüringen

Januar 1990, die Grenze mitten in Deutschland, zwischen Herleshausen im Westen und Eisenach im Osten. Im strömenden Regen fährt ein Lieferwagen über einen kleinen Grenzübergang, durch eine Landschaft aus engmaschigen Zäunen und Wachtürmen. Für die Grenzer sind einige Flaschen Wodka gedacht, es soll schnell gehen. Doch die Grenzer wollen nur eines der Zeitungspakete, die als Schmuggelware auf der Ladefläche liegen, gedruckt in Marburg, der Partnerstadt von Eisenach.

Der Lieferwagen fährt weiter, fährt hinunter ins Tal, steuert den Marktplatz vor der Georgenkirche an. Es ist noch dunkel, auf der Stadt liegt der gelb-graue Winterdunst, der mit seinem Schwefelgeruch in die Nase beißt.

Der Platz ist rappelvoll, ein Meer aus Regenschirmen. Eine Demonstration? Gegen eine mögliche Schließung des Automobilwerks, in dem der Wartburg zusammengebaut wird? Gegen die alten Genossen?

Es ist jedenfalls kein Durchkommen. Der Lieferwagen will schon umdrehen, als sich die Menge, wie auf einen Ruf hin, in Bewegung setzt. Die Eisenacher hatten stundenlang im Regen auf die Zeitung gewartet, sie sind hungrig auf Nachrichten und Kommentare, die weder einer der Mächtigen lenkte, noch zum Zwecke der Propaganda drucken ließ.

Die erste Ausgabe der »Eisenacher Presse«, am 18. Januar 1990 erschienen, war so schnell vergriffen, dass die Menschen eine Woche später schon in der Dämmerung auf den Markt kamen, um sich ein Exemplar zu sichern. Die Eisenacher standen jedenfalls vorn: Die neue Zeitung, die anfangs wöchentlich erschien, war die erste deutsch-deutsche Zeitung überhaupt, entstanden aus der Partnerschaft der beiden Städte, welche eine lange, rund 800 Jahre währende Freundschaft verbindet. Elisabeth von Thüringen hatte in Marburg mit ihrem Vermögen ein Krankenhaus gebaut; dort arbeitete sie als Pflegerin, nachdem ihr Mann bei einem Kreuzzug gestorben war und ihre machthungrige Sippe sie enterbt und verstoßen hatte.

Die Verbindung zwischen Eisenach und Marburg war schon zu DDR-Zeiten ungewöhnlich intensiv. Die Städtepartnerschaft stand nicht nur auf dem Papier. Kommunalpolitiker besuchten sich, viele Marburger Bürger nutzten, da sie aus dem Grenzgebiet kamen, das vereinfachte Visa-Verfahren an der Grenze in Herleshausen und fuhren oft nach Thüringen – trotz der Schikanen an der Grenze.

Nach der Grenzöffnung 1989 drehte der Wind: Die Eisenacher strömen in ihre Partnerstadt und werden schon im November und Dezember mit Extrablättern der in Marburg erscheinenden »Oberhessischen Presse« begrüßt. Viele Thüringer wünschen damals, dass die West-Zeitung auch eine Lokalausgabe für Eisenach herausgeben soll.

So geschieht es, und nach wenigen Wochen schon ist die Auflage der Marburger Zeitung in Thüringen höher als die im Westen. Die Redaktion mietet einen Raum im »Haus der Dienste« an, weil es dort ein funktionierendes Telefon gibt. Allerdings reicht die Leitung nicht, um die Computer-Daten nach Marburg zu übertragen.

So speichern die Redakteure ihre Artikel und Fotos auf Disketten und fahren abends über die Grenze nach Herleshausen, wo sie in einem Einfamilienhaus ein kleines Zimmer gemietet haben. Dort werden die Daten per Modem, einem Akustik-Koppler, in die Druckerei nach Marburg gesendet.

Zitronen auf der Müllkippe

In der Redaktion sitzen Journalisten aus dem Westen zusammen mit Journalisten aus dem Osten. Für Konzepte und lange

Konferenzen ist keine Zeit; Marketing-Strategien sind unnötig, Spontaneität ist nötig.

Es ist eine bunte Truppe. Von denen, die schon in der ersten Stunde dabei waren, sind später zwei Chefredakteur geworden, einer in Hanau, einer an der holländischen Grenze; andere sind zum Fernsehen gegangen oder als Pressesprecher geblieben – und die Journalistin, die über den Zitronen-Skandal auf der Müllkippe schreibt, verkauft heute Wasserbetten.

Schnell spricht sich herum, dass die Zeitung aus der Partnerstadt in der Friedrich-Engels-Straße eine Redaktion eröffnet hat. Zu Dutzenden stehen die Bürger in dem stickigen kleinen Raum, in dem im Westen kein Redakteur arbeiten würde. Es ist gut, dass die Bürger kommen. Das Telefon ist kaum eine Hilfe. Die Zentrale, welche die Gespräche vermittelt, residiert im Keller und ist nur stundenweise besetzt, nach 16 Uhr überhaupt nicht mehr.

In den beiden ersten Ausgaben heißt die neue Zeitung noch »Oberhessische Presse – Wochenzeitung für Eisenach«, schon im Februar gibt es den neuen Zeitungsnamen »Eisenacher Presse«, der etliche Besitzerwechseln überdauern sollte. Heute gehört die Eisenacher Presse zur TLZ, die in Weimar herausgegeben wird – aber trägt immer noch im Titelkopf den alten Namen mit der altdeutschen Frakturschrift und dem ungewöhnlichen »s«, das aussieht wie ein Pilgerstab.

Worüber schreiben die Redakteure in der neuen Zeitung? »Erstmals: Der Runde Tisch« steht auf der Titelseite der zweiten Ausgabe unter einem Bild, das die Bürgermeister aus Eisenach und Marburg zeigt. »Darauf haben die Eisenacher lange warten müssen.« Die weiteren Themen der ersten Ausgaben sind:

- Willy Brandts Besuch auf dem Marktplatz, bejubelt von 20.000 Menschen;
- die ersten Gewerbe-Genehmigungen;
- die Dreck-Luft in Eisenach, das Verkehrs-Chaos und Giftschlamm auf der Hausmüll-Deponie;

- die Zukunft des Wartburgs, des Werks und seiner Arbeiter;
- die Arroganz der Westdeutschen, die mit ihrem Geld protzen;
- Zitronen auf der Moosewald-Müllkippe, die offenbar regelmäßig wegen Verteilungspannen weggeworfen werden – und das in einem Land, in dem die Menschen Südfrüchte nur aus dem West-Fernsehen kannten;
- Hunderte von Anzeigen, in denen Eisenacher und Marburger Kontakt zueinander suchen wie Arbeit oder Unterkunft.

»Eine Revolution nach Feierabend«

Der erste Roman, den die »Eisenacher Presse« druckt, ist Monika Marons »Flugasche«, der in der DDR nicht erscheinen durfte und in dem sie die Geschichte einer Werkszeitungs-Journalistin in Bitterfeld erzählt.

Die erste Kolumne bekommt die Eisenacherin Margot Friedrich mit ihrem »Tagebuch der Revolution«, das wenig später als Auftakt der Reihe »EP-Report« als Buch gedruckt wird. »Manchmal denke ich, eine Epoche beginnt zu schwanken«, schreibt die Eisenacher Journalistin darin.

Im Oktober 1989 hatte Margot Friedrich ihr Tagebuch geführt, ohne zu ahnen, dass es wenige Monate später tausendfach gedruckt werden sollte:

19. Oktober 1989:
Ein wahnsinniger Tag. Und abends das Gespräch. Zum ersten Mal bin ich im Zentrum der Macht auf Kreisebene. Mir fällt sofort »Sanssouci« ein, als ich den Raum betrete. Ein riesiger runder Tisch. Hochlehnige Stühle – die blanke Machtdemonstration.

Und wir acht Leute. Eine Revolution auf Kreisebene, zum Lachen, wenn es nicht so ernst wäre ... Heftige Auseinan-

dersetzungen. Sachlich, wir sind uns nur in einem einig: Die Ausreise muss gestoppt werden. Die Arroganz der SED-Leute ist enorm. Die wissen wahrscheinlich nicht, was passiert, oder sie wollen es nicht wahrhaben ...

23. Oktober 1989:
Erstes Friedensgebet – unglaubliche Menschenmassen. In der Kirche und vor der Kirche. Schätzung 5.000 ...
Es ist schon komisch: Wir machen hier so eine Art Revolution nach siebzehn Uhr. Die Leute gehen arbeiten, dann zum Friedensgebet, also der Einstieg in die Politik. Eine Revolution nach Feierabend. Wir sind und bleiben halt ordentliche Leute.

In den Zeitungen macht sich in den letzten Monaten der DDR eine Spielart der Anarchie breit, wie es sie nur in revolutionären Zeiten gibt. Um die Pressegesetze der DDR kümmert sich kaum einer. Die westdeutschen Journalisten kennen sie nicht und wissen, dass keiner die westdeutschen kennt; die ostdeutschen kennen die westdeutschen Gesetze nicht und sind froh, endlich einmal alles schreiben zu können. Wer heute, zum Beispiel, lange Namens-Listen von Stasi-Spitzeln drucken würde, wie es einige Zeitungen nach der Wende wagten, der würde monatelang mehr Stunden im Gericht als in der Redaktion verbringen.

Diese ostdeutsche Anarchie macht sich nicht nur im Journalismus breit. So berichtet die Eisenacher Presse im März 1990 über Händler, die in Eisenach Kiwis und Ananas nur gegen D-Mark verkaufen. Das ist verboten, sagt die »Stellvertreterin für Handel und Versorgung im Rat des Kreises Eisenach«. Eine Ordnungsstrafe bis zu 500 Mark, offenbar Währung der DDR, droht. Nur, so schränkt die Stellvertreterin ein: »Bis zum heutigen Tag ist noch niemand für so etwas belangt worden – und übermorgen können die Rechtsvorschriften vielleicht schon ganz anders sein.«

Keiner klagt an, keiner beschwert sich. Das Volk ist so forsch, geradezu übermütig, wie die Journalisten – etwa wenn es um die Abrechnung mit den lokalen Mächtigen geht, die sich, so die gängige Meinung, auf jedermanns Kosten den DDR-Alltag vergoldet hatten.

Eine von vielen Geschichten: In einem Dorf nahe Eisenach werfen die Bürger dem Bürgermeister Amtsmissbrauch und Korruption in vierzig Fällen vor.

Was für eine Szene! Kein Drehbuch-Autor könnte sie erfinden, sie ist nur möglich in der Aufbruch-Stimmung einer revolutionären Zeit. Die Kriminalpolizei lädt die Bewohner des Dorfes Unkeroda in einen großen Saal und berichtet von den Ermittlungen gegen ihren ehemaligen Bürgermeister, allerdings mit einem für die hundert Zuhörer unbefriedigenden Ergebnis: Für eine Strafverfolgung fehlen die rechtlichen Grundlagen.

Öffentlich wird eine kleine Korruption, die nicht unbedingt Symptom sozialistischer Herrschaft ist. Die Zeitung schreibt:

> *Weiter hatten die Untersuchungen der Polizei ergeben, dass D., der Sohn des Bürgermeisters, im vergangenen Sommer 590 Stunden zu lange im Schwimmbad gearbeitet hatte. Der Sohn hätte nach dem Jugendschutzgesetz nur 150 Stunden arbeiten dürfen. Für diese Stunden, von denen heute keiner überprüfen kann, ob sie überhaupt abgeleistet wurden, hatte der Bürgermeister mit der Begründung »Feierabendarbeit« einen Lohn von fünf Mark eingesetzt. Üblich sind drei Mark an Arbeitstagen, 3,50 Mark an Wochenenden und 4,50 Mark an Feiertagen.*
> *Oberstleutnant A. bemerkte abschließend, dass der Bürgermeister tatsächlich »viele Sachen eigenmächtig durchgeführt« habe.*

So steht es in der »Eisenacher Presse« vom 22. März, mit allen Namen (die hier getilgt wurden) und Einzelheiten. Keine Pressestelle verhindert Öffentlichkeit, kein Mensch beschwert sich.

Zwei Vopos werden fristlos entlassen

Überhaupt geht die Polizei von sich an die Öffentlichkeit, schonungslos selbst bei eigenem Vergehen. Dies »unterscheidet sie wohltuend von den bundesdeutschen Kollegen, die in der Regel die Öffentlichkeit nur dann duldet, wenn sie Erfolge vorweisen kann«, lobt ein Redakteur aus Marburg die Volkspolizei in einem Kommentar am 29. März. Er ist zu einer innerbetrieblichen Versammlung der Kreispolizei eingeladen worden und durfte so berichten:

> *»Sie können wegtreten!« Mit diesem Befehl beendete der Leiter des Volkspolizei-Kreisamtes die Laufbahn zweier Volkspolizisten. Zuvor hatte Sch. in einer Dienstberatung die Vorwürfe gegen die Polizisten haarklein dargelegt. Dem zackigen »Guten Morgen, Herr Oberstleutnant« folgte eine rigorose Abrechnung mit den beiden Übeltätern. Die beiden Vopos wurden fristlos aus dem Dienst entlassen, weil sie am Sonntag gegen 0.15 Uhr einen Polen angehalten und um 260 Mark erleichtert hatten. »Mir fehlen die Worte zu dieser Schande«, sagte Sch. zu dem Diebstahl.*

Viele Gespräche zwischen Bürgern und Redakteuren beginnen so oder ähnlich: »Derselbe, der mich vor ein paar Monaten vor der Partei maßregelte, hat wieder das Sagen im Betrieb: Heute hat er mich rausgeschmissen!« Aus den Parteisekretären werden über Nacht die Geschäftsführer der neuen Betriebe, die Manager der Marktwirtschaft. »Eisenacher Stasis sitzen wieder in hohen Positionen« – so hätte die Schlagzeile in jeder Woche lauten können.

Die Menschen wirken lange wie gelähmt, sie müssen sich die Vergangenheit von der Seele schreiben. Wochenlang läuft die Serie »Leben unter Hammer & Zirkel«, in denen die Qual der Erinnerung zu spüren ist. Menschen schreiben von der Wiederbewaffnung Anfang der 50er-Jahre in der DDR, da sie als

Soldaten die Gewehre in Wolldecken wickeln mussten, damit keiner etwas sah. Sie schreiben vom ersten Werben der Stasi und vom 17. Juni – Erinnerungen aus einer Zeit, als kaum einer es wagte, etwas aufzuschreiben und aufzubewahren.

Auch in der Zeit nach der Revolution gibt es wieder Gruppen, die an den Rand gedrückt werden und die schweigen sollen. In der Zeitung kommen sie zu Wort: Die Soldaten der Grenztruppen. Sie gelten als Symbol des Staates, der seine Menschen unterdrückte und einsperrte. Sie kommen auch in die Redaktion und bitten um ein Gespräch. »Plötzlich bist du ein Aussätziger«, erzählen sie, »aber wir sind doch auch das Volk!«

Einer erzählt: »Zweifel an meiner Tätigkeit sind mir eigentlich erst richtig gekommen, als ich die Menschen gesehen habe, die sich weinend in die Arme gefallen sind, als die Grenzen in Deutschland und auch in Eisenach fielen. Als wenige Meter von mir Nachbarn vor Glück geheult, Alte und Junge getanzt haben, als sich dieses unbeschreibliche Gefühl der Freiheit Bahn gebrochen hat. Da kommst du dann ins Grübeln. Da fragst du dich, wieso das nicht eher gekommen ist. Da fragst du dich, wieso du dein Leben damit verbracht hast, dieses Zusammenkommen der Menschen zu verhindern.«

Im Frühjahr 1990 stehen die ersten freien Wahlen an

Was wollen die Parteien und Bürgerbewegungen? Programme sind etwas völlig Neues für die Menschen, die Einheitslisten gewohnt waren. Die Programme sind handgestrickt und kommen zu den Menschen nur über Veranstaltungen und über die neue Zeitung, die auf einigen Sonderseiten die Wahlaussagen vergleichend nebeneinander stellt – etwa zu der Frage: »Was passiert mit früheren Stasi-Leuten?« Die Leser bekommen in der Ausgabe vom 15. März überraschend ähnlich lautende Antworten:

- »Beim Wiederaufbau unseres Landes sollte niemand im Vorfeld ausgegrenzt werden. Unser Blick muss auch auf die Zukunft gerichtet sein. Wir müssen alle Menschen zum Bleiben bewegen.« (Winfried Müller von der DSU)

- »Ehemalige Stasi-Angehörige sind Mitbürger unseres Landes. Sie sollten die faire Chance erhalten, sich in die Mitarbeiterschaft einordnen zu können. Sie ins Abseits zu drängen, nützt keinem, wenn man auch wachsam sein sollte.« (Dr. Gerhard-F. Haase vom »Demokratischen Aufbruch«)
- »Ansonsten würde ich schon sagen, dass man Toleranz und die Achtung vor dem Andersdenkenden walten lassen sollte.« (Christine Grabe von den Grünen)
- »Die ehemaligen MfS-Angehörigen, die sich keiner Verbrechen schuldig gemacht haben, müssen sich durch Aufnehmen einer anständigen Arbeit wieder in die Gesellschaft integrieren, z. B. in der Industrie und im Gesundheitswesen.« (Gerald Wiedemann von der SPD)

Der Maulkorb vom Landratsamt

Wenige Monate lang hemmen keine Bürokratie und kein Bürokrat die Recherche der Journalisten. Doch schon am 31. Oktober 1990 berichtet die »Eisenacher Presse« über den ersten Maulkorb-Erlass aus dem Landratsamt, erarbeitet von der Pressesprecherin, begrüßt vom Landrat:

- Pressemitteilungen von Mitarbeitern des Landratsamtes in eigener Sache, Stellungnahmen zu Pressemeldungen werden in schriftlicher Form bei der Pressestelle des Landratsamtes eingereicht.
- Die Pressesprecherin legt diese Beiträge dem Landrat vor und holt sein Einverständnis zur Veröffentlichung ein.
- Wenn dies vorliegt, werden die Beiträge an die Presse weitergegeben.

Die Mitarbeiter, vor allem die leitenden, empören sich: »Das ist ja schlimmer als in früheren Zeiten.« Der Landrat wehrt sich:

»Es geht mir lediglich darum, dass ich weiß, was aus meinem Haus kommt. Schließlich bin ich der Chef hier.«

Eine solch zügellose Freiheit wie nach der Wende, noch in der DDR, hat es in Deutschland wohl nie gegeben und wird es nicht mehr geben. Nicht nur den Landrat bringt diese Freiheit um den Schlaf, auch einige Politiker. Als Journalisten der PDS bei einem krummen Geschäft auf die Schliche kommen, greift die sozialistische Partei zu einem bewährten Kampfbegriff, der noch lange halten soll: »Skandaljournalismus westdeutscher Prägung«.

»Kapitalismus für Anfänger«

Doch nicht allein Affären, Missstände und die Skandale prägen die ersten Monate. Das Leben war nicht traurig, die »Eisenacher Presse« berichtet von der neuen Lust am Konsum und der Lust am Reisen. Kiloweise Bananen und zehn Stunden Wartezeit bei der Anmeldung des neuen Autos, der erste Tchibo-Stehausschank, gleich von Tausenden gestürmt – und die Kehrseiten des schnellen Konsums: Mikroben in der Thüringer Bratwurst, Ladendiebstahl und die Schrecken der Kaffeefahrt. Für eine Eisenacherin wird die Fahrt nach Stukenbrock zum Verlustgeschäft erster Güte – mit der Kamindecke »Butterfly«.

Legionen von Versicherungs-Vertretern und Werbern schlüpfen durch das kleinste Loch in der Grenze. Für Halsabschneider jeder Art beginnt eine große Zeit ebenso wie für jene kleinen Gauner, die im Westen keine Opfer mehr fanden. Nur informierte Menschen werden nicht zum Opfer, nur wer sein Recht kennt, kann sich wehren. So war die erste Aufgabe der Zeitung eine Pflicht, der im Westen nur wenige nachkamen: die Lebenshilfe, verstanden als Service für alle Fragen, eben Ratschläge und Informationen für den Alltag. Es sind meist einfache Fragen, die auf Antworten warten: Was ist eine Kündigung? Was sind Nebenkosten bei der Miete? Wann gibt es Sozialhilfe?

Die Redakteure wollen helfen in der Marktwirtschaft, die von den meisten als Dschungel erlebt wird. Die Zeitung schlägt Trampelpfade und wählt Experten als Führer – etwa für die Serie »Einführung in die Marktwirtschaft«, die der Direktor des Marburger Arbeitsgerichts schreibt, quasi als »Kapitalismus für Anfänger«.

Die Zeitung ist »Wirtschaft«, wenigstens auf der Hälfte der Seiten. Die Redakteure gehen in die Betriebe, sprechen mit den Mitarbeitern und berichten von großen Sorgen und kleinen Hoffnungen; sie begleiten die Mutigen, die ein eigenes Geschäft gründen; sie sind dabei, wenn ein Geschäftsführer gefeuert wird oder ein Tante-Emma-Laden schließen muss; sie beobachten auf dem Marktplatz, wie fliegende Händler ahnungslose Bürger übers Ohr hauen, als sei Eisenach ein einziger orientalischer Basar; sie entdecken die erste Spielhalle der DDR, die in einem ehemaligen Abstellraum des Bahnhofs eröffnet wird; und sie erleben den Niedergang der Landwirtschaft, die im Elend der Planwirtschaft steckengeblieben ist. Was macht ein Bauer, wenn er keine Abnahme-Garantie mehr bekommt für Zehntausende von Eiern? Er sitzt auf einem Eier-Berg, denn – so die Bürgermeisterin von Madelungen: »Man kann den Hühnern ja nicht den Hintern zunähen!«

Die Redakteure bringen in die Öffentlichkeit, was manche gerne unter der Decke hielten: kaufen und verkaufen von einst volkseigenem Besitz zum Beispiel oder die Beutezüge von Wendegewinnlern aus dem Westen. Gerade in den ersten Monaten scheint sich kaum einer, der aus dem Westen kommt, an die Maxime zu halten, die die »Eisenacher Presse« aus einem Manager-Seminar berichtet: »Bitte: Geben Sie keinem in der DDR das Gefühl, 40 Jahre umsonst gearbeitet zu haben!«

Wie aus Beuernfeld »Beulenroda« wurde

Nichts langweilt die Leser mehr, als wenn Zeitungen über sich selber schreiben. Dies ist bei der »Eisenacher Presse« anders.

Die Zeitung entsteht buchstäblich vor den Augen der Leser, denen nicht nur das Erfreuliche der freien Presse mitzuteilen ist, sondern auch die Nachteile.

So gab es in den alten SED-Zeitungen kaum Fehler: Die langsame, wenig aktuelle Produktion und die immense Zahl von Redakteuren und Korrektoren ermöglichte eine Zeitung, die nahezu frei von Druckfehlern war.

Das ändert sich schnell in der Zeitung, die aus dem Westen kommt: Fehler über Fehler. Doch vom ersten Tag an werden wichtige Falsch-Informationen im Blatt korrigiert nach dem Vorbild amerikanischer Zeitungen, die täglich an herausragender Stelle »Corrections« drucken.

Am schlimmsten ist es, wenn Ortsnamen vertauscht und sogar neue erfunden werden. Es ist auch schwer, Berteroda, Beuernfeld, Bischofsroda, Bolleroda und andere auseinander zu halten. Dennoch: Als aus der wackeren und kleinsten Gemeinde Beuernfeld ein »Beulenroda« wurde, sagen die Leser, das sei schon unverzeihlich.

Eine Rose zum Abschied

Journalisten leisten sich Ungewöhnliches in dieser Zeit: Gefühle. Sie schreiben davon, ohne Scham, weil sie anders nicht beschreiben können, was sich wirklich ereignet in diesem Land, das am ersten Samstag im Juli seine Grenze verliert – und nicht nur die aus Beton und Stacheldraht am Todesstreifen. Dieter Schreier, der Lokalchef, schreibt in seinem »Eisenacher Notizbuch« am 6. Juli:

> *Unser Leser Karl-Heinz Langhammer aus Kirchhain befand sich per LKW mit seiner Frau auf der Rückfahrt Richtung Marburg. Wie so oft in den vergangenen Jahrzehnten, bei vielen Reisen in die DDR. Bei den Kontrollen sei er dabei immer »den Umständen entsprechend korrekt behandelt worden«. So auch diesmal. Am Übergang Eisenach standen vier*

Grenzbeamte, die sich kurz nach dem Transportgut erkundigten. Dann sagte plötzlich ein Grenzer: »Bitte warten sie einen Moment«, und verschwand im Kontrollgebäude. Kurze Zeit später kam er wieder, mit einer Rose, die er ins Fahrerhaus reichte. »Zum Andenken an unsre letzte Schicht an der Grenze!«
Realität an der deutsch-deutschen Grenze. Im Juni 1990, fast drei Jahrzehnte nach dem Bau der Mauer und nur ein paar Monate nach der Revolution. Eigentlich unfassbar.
In unserer Redaktion liegt ebenfalls ein Geschenk der Grenztruppen. Es ist ein Stück Stacheldraht, zur Erinnerung an den Abbau von Grenzbefestigungsanlagen im Kreis Eisenach.
Vielleicht ein makabres Erinnerungsstück, aber wir hatten selbst drum gebeten. Ohnehin hat das Stück seinen Schrecken verloren. Der Stacheldraht ist aufgerollt, er wird nicht mehr gebraucht. Schön ist das.

Dirk Reimers, Hamburg

Erinnerung und Zuversicht

Wer sich nach 20 Jahren deutscher Einheit an die Euphorie des Mauerfalls erinnert, muss auch die Gründe der damaligen Gemütsbewegung in den Blick nehmen, um zu erkennen, welche davon noch heute Bestand haben. Dabei wird schnell klar, dass sich die Erinnerungen nicht nur individuell unterscheiden, sondern vor allem vor dem Hintergrund ihres Entstehens im Osten oder im Westen des geteilten Deutschlands zu verstehen sind.

Als im Jahr 1943 im schleswig-holsteinischen Neumünster Geborener erinnere ich mich an den Jubel über Stalins Tod und die bedrückenden Gefühle im Zusammenhang mit dem von Sowjets und SED niedergeschlagenen Aufstand vom 17. Juni 1953. Viel deutlicher in Erinnerung sind mir die verzweifelten, flehentlichen und erfolglosen Hilferufe von Radio Budapest im Ungarnaufstand von 1956 und das schreckliche Verstummen des Senders nach dem gewaltsamen Eingreifen sowjetischer Panzereinheiten. Diese ersten Eindrücke von Freiheit, gewaltsamer Unterdrückung und Hilflosigkeit waren prägend – auch für meinen Blick auf die DDR und die deutsche Teilung. Die Erinnerungen wurden immer wieder verstärkt, z. B. beim Mauerbau von 1961, bei der Niederschlagung des Prager Frühlings von 1968, beim Panzereinsatz auf dem Platz des himmlischen Friedens im Juni 1989 und als leise Sorge auch beim Anwachsen der Montagsdemonstrationen im Oktober desselben Jahres in Leipzig.

Aus meiner Schulzeit erinnere ich mich aber auch an die Paketaktionen für Familien in der »Ostzone«, an die kleinen silbernen Abzeichen mit dem Brandenburger Tor als Freiheits- und Einheitssymbol, an den das ungeteilte Deutschland umfassenden Geografietest vor dem Abitur – und an die in den Folgejahren immer mehr schwindende Aussicht auf eine nur friedlich zu gewinnenden Wiedervereinigung. Ich erinnere an die Begeisterung für Willy Brandts Ostpolitik und die Hoffnung, den Menschen in der DDR zumindest auf diese Weise näher zu kommen, um eine Wiedervereinigung für künftige Generationen zu ermöglichen.

Dann kamen die Freiheitsbewegung in Polen, das Anschwellen der Fluchtströme aus der DDR, die Grenzöffnung in Ungarn, die Prager Botschaft, die Montagsdemonstrationen und nach dem Fall der Mauer auch die deutsche Einheit.

Nach der Wiedervereinigung herrschte nicht nur Euphorie wie nach dem Mauerfall. Die deutsche Einheit war kein überschwänglicher Freudenrausch, dem der Kater folgt. Die deutsche Einheit war Anlass für ein schon nicht mehr für möglich gehaltenes Glücksgefühl über die friedliche Beseitigung einer willkürlichen Trennung, über den Zugang zu vielen kulturellen Wurzeln unserer Nation – und auch das Wahrnehmen einer nun unausweichlich gewordenen Verantwortung unseres Landes in der Welt vor dem Hintergrund unserer Geschichte.

»Jetzt wächst zusammen, was zusammen gehört.« Mit diesen Worten brachte Willy Brandt die Gefühle der Menschen ebenso auf den Punkt wie Richard von Weizsäcker mit dem Zitat aus der Präambel des Grundgesetzes: »Wir wollen in einem vereinten Europa dem Frieden der Welt dienen«.

Nichts davon ist vergessen. Auch nach 20 Jahren deutscher Einheit nicht! Die Rückbesinnung auf unsere jüngere Geschichte macht es vielmehr erst möglich, Wichtiges von Unwichtigem zu unterscheiden, die Weite des Blickes zu erhalten, Gelassenheit zu bewahren und bei einer Bilanz Legenden entgegenzutreten.

Davon gibt es 20 Jahre nach der Wiedervereinigung mit ihren systembedingten Umwälzungen und gebrochenen Biografien einige, z.B. die Behauptung: »Der Westen hat den Osten platt gemacht.« Das klingt so, als gäbe ein Bankrotteur dem Insolvenzverwalter die Schuld an der Pleite. Der Bankrotteur ist in diesem Fall nicht die Bevölkerung – die hatte es schwer genug –, sondern die SED, zu deren Verteidigern zu gehören man sich überlegen sollte.

Jeder weiß – und die Regierung der DDR am Ende auch –, dass die bauliche und industrielle Substanz der DDR aufgezehrt war und die nur noch auf streng abgeschotteten Märkten absetzbaren Produkte bei offenen Grenzen selbst von den eigenen Bürgern der DDR nicht mehr gewollt waren. Der Zusammenbruch war in vollem Gange – auch ohne deutsche Einheit.

Eine weitere Legende sind die Klagen über angeblich ausgebliebene »blühende Landschaften« und die vorwurfsgesättigten Hinweise auf das Ausbleiben eines »selbsttragenden Aufschwungs Ost«.

Richtig ist, dass die 1990 spürbare Bereitschaft der Bevölkerung zu einer nationalen Kraftanstrengung im Wahlkampf der Steuersenkungsparteien zermahlen wurde. Man muss aber schon blind oder böswillig sein, wenn man den erreichten Fortschritt leugnet. Nach der Einheit wurden in der DDR massenhaft ganze Straßenzüge abgestützt, um den Zusammenbruch aufzuhalten. Die Industrieanlagen waren marode und die Umwelt großflächig vergiftet. Heute haben die »neuen« Länder die beste Infrastruktur Deutschlands, eine sanierte Umwelt und die schönsten Innenstädte und Baudenkmäler.

Nein, wir haben Anlass zur Freude über vieles, was schon erreicht wurde, auch wenn noch Wünsche offen sind. In der Wirtschafts- und Finanzkrise hat sich der »Osten« jedenfalls schon flexibler und erfolgreicher erwiesen als der »Westen«.

Besonders böse ist die Legende vom »Anschluss« der DDR an die BRD.

Die frei gewählte Volkskammer der DDR hat 1990 mit großer Mehrheit von der nur von ihr nutzbaren Regelung des Art. 23 des Grundgesetzes Gebrauch gemacht und einen Beitritt zur Bundesrepublik beschlossen. Wer damals als Fraktionsmitglied von Bündnis 90/Die Grünen wie der jetzige Ministerpräsident von Brandenburg gegen die deutsche Einheit gestimmt hat, sollte demokratische Entscheidungen akzeptieren. Schon gar nicht sollte er die deutsche Einheit auch nur sprachlich in die Nähe der nationalsozialistischen Gewaltpolitik von 1938 gegenüber Österreich rücken.

Schließlich bleibt die Legende, auch nach 20 Jahren sei der Einigungsprozess zwischen Ost und West in Deutschland nicht abgeschlossen. Wann sollte das denn jemals der Fall sein? Ist denn der Einigungsprozess zwischen Ostfriesland und Baden-Württemberg abgeschlossen? Und wer aus den »neuen« Ländern war schon mal im Saarland, in der Eifel oder an der Geltinger Bucht?

Die wirtschaftlichen, sozialen und Mentalitätsgrenzen trennen weniger zwischen Ost und West als vielmehr zwischen Nord und Süd entlang der alten Limes-Grenze.

Auch nach 20 Jahren kann es also nur eine Zwischenbilanz geben, und die bleibt positiv. Es bleibt das starke Gefühl von Glück und Dankbarkeit für die durch die Nationalsozialisten fast vollständig verspielte und jetzt doch wieder erlangte deutsche Einheit. Es bleibt die Freude über das Wiederentdecken unzähliger Symbole deutscher Identität zwischen Oybin und Bad Doberan, von Stralsund über Potsdam, Schulpforta und Weimar bis Halle, Leipzig und Dresden und die Schwierigkeit, die frühere Grenze überhaupt noch erkennen zu können.

Es bleibt als Gefühl einer inneren Verbindung und Identifizierung ein Stolz auf das vereinte Deutschland als Teil eines vereinten Europas, und es bleibt die Zuversicht, Probleme gemeinsam lösen zu können.

Als die Deutsche Nationalstiftung 2009 im 20. Jahr des Mauerfalls die Schriftsteller Erich Loest, Monika Maron und Uwe Tellkamp für die literarische Verarbeitung ihrer DDR-Erfahrungen mit dem Nationalpreis auszeichnete, meinte Monika Maron in ihrer Dankesrede im Deutschen Nationaltheater in Weimar scharfsinnig und kämpferisch: »Hört auf, von DDR-Literatur zu reden. Es ist deutsche Literatur!« Im Folgejahr war ihre Rede Abiturthema im Fach Deutsch in Bayern.

Dem möchte ich nur noch eine persönliche Bemerkung hinzufügen: Seit 2008 haben wir eine großartige Schwiegertochter aus Mecklenburg-Vorpommern. Nach altem Sprachgebrauch ist sie eine »Ossi«, unser kürzlich in Demmin geborenes Enkelkind also ein »Wossi«. Gemeinsam sind wir Deutsche.

Jürgen Schlesinger, Berlin

Höchstens der Milchmann klingelt

1989 arbeitete ich in der Akademie der Künste der DDR als Techniker für Ton und Bild. In dieser Akademie herrschte, bedingt durch die Künstler mit ihren unterschiedlichen Auffassungen, schon immer eine gewisse Liberalität, Aufgeschlossenheit und Aufmüpfigkeit. Auf dieser Grundlage war es 89 auch möglich, aktiv zu werden. Im Laufe des Jahres 1990 wurde immer augenfälliger, dass die Akademie der Künste der DDR zugunsten der West-Berliner Akademie der Künste aufgelöst werden würde. Mir war klar, dass das relativ liberale Klima in der Akademie und unter ihren Mitarbeitern einem Hauen und Stechen um die wenigen verbleibenden Planstellen weichen würde.

So kam es auch, wie mir Kolleginnen später berichteten.

Ich war mir bewusst, dass die Zeit in der Akademie für mich zu Ende ging. Alles hat eben seine Zeit. Im Nachhinein wusste ich, dass ich schon viel zu lange in der Akademie gearbeitet hatte. Man sagt ja nicht umsonst, wenn du in einem Fach Meister bist, sollst du in einem anderen Fach Schüler werden. Ich sah mich also um, was es für mich denn so gäbe. Zur gleichen Zeit wurden in Berlin Fernsehen und Rundfunk der DDR aufgelöst und viele Mitarbeiter im Bereich Bild und Ton auf die Straße gesetzt. Der Markt für Techniker war übersättigt. Zur gleichen Zeit suchte die Wohnungsbaugesellschaft, bei der ich wohnte, Hausmeister. Das war die Gelegenheit, mich nach einem anderen Job umzusehen. So wurde ich dann Hausmeister, ein Hausmeister mit einer Meisterausbildung und insgesamt acht verschiedenen Facharbeiterqualifikationen. Aber ich hatte einen sicheren Job, der auch besser bezahlt wurde.

So gelangte ich in die Wohnungswirtschaft. Ich schraubte jeden Tag Glühlampen, reparierte Klospülungen, reinigte Müllplätze. Nicht gerade ein Traumjob, aber er ernährte Mann und Familie und war sicher. Dachte ich jedenfalls. Nach zwei Jahren änderte sich die Politik der Wohnungsbaugesellschaft, alle Hausmeister wurden gekündigt. Ich hatte das kommen sehen und mich vorsorglich bei einer anderen Wohnungsbaugesellschaften beworben. Dort fing ich dann als Hauswart an, mit Treppen putzen. Damals empfand ich das nicht so, aber im Nachhinein stellte sich heraus, dass das doch ein ganz schöner sozialer Abstieg war. Ich war nun der Kuli der Mieter und hatte körperlich ganz schön zu schuften.

Und so richtig zufrieden war ich in dem Job natürlich auch nicht. Mir ging den ganzen Tag beim Putzen durch den Kopf, dass das ja wohl nicht alles sein kann. Ich kann mehr als diese Arbeit, mein Kopf war so sehr unterbeschäftigt. Da ich die Branche gewechselt hatte, dadurch einige Zeit aus meiner alten Branche raus war und den Anschluss verloren hatte, musste ich mich wieder neu orientieren. Ich beschloss, auf der Abendschule den Kaufmann für Grundstücks- und Wohnungswirtschaft zu erwerben. So machte ich nach Feierabend, am Wochenende und vor allem auf eigene Kosten nach zweieinhalb Jahren den Kaufmann. Mein Betrieb hat mir wegen der Ausbildung alle möglichen und unmöglichen Steine in den Weg gelegt. Trotzdem habe ich es geschafft.

Wegen einer Erkrankung konnte ich den Beruf des Hauswarts nicht mehr ausüben. Ich hatte zwar nun den Abschluss als Kaufmann, aber mein Betrieb interessierte sich nicht dafür und bremste mich total aus. Ich hörte solche Sprüche wie: Wir brauchen keinen fünfzigjährigen Berufsanfänger, sondern einen dreißigjährigen Könner. Das macht Mut. Ich wurde dennoch Wohnungsverwalter in Berlin Kreuzberg, am Kottbusser Tor.

Das ist die heißeste Gegend in Berlin, aber das gehört zu einer anderen Geschichte.

Jetzt bin ich Rentner.

So hat die Zeit nach dem Herbst 1989 viele Änderungen, Unwägbarkeiten, persönliche Chancen und Einschnitte gebracht. Meine Familie und ich konnten alle diese Chancen nutzen und ein freies und selbstbestimmtes Leben aufbauen. Leider gelang dieses nicht allen ehemaligen DDR-Bürgern. Uns jedoch ging es nach der Wende von Jahr zu Jahr besser, sowohl materiell als auch insbesondere in Bezug auf Chancen und Möglichkeiten, ungezwungene Diskussionen und Meinungsäußerungen. Wir genießen seitdem jeden Tag die Tatsache, dass morgens um 6 Uhr höchstens der Milchmann klingelt (frei nach W. Biermann) – ich genieße dies ganz besonders, seitdem ich aus den Stasiunterlagen erfahren habe, dass meine Eltern als inoffizielle Mitarbeiter der Stasi mich intensiv bespitzelt haben und Berichte über mich geschrieben haben. Des Einen sind wir uns sicher: Es ist uns gelungen, »im Strom der Zeit (zu) schwimmen, ohne das Gesicht zu verlieren« (Maxi Wander, »Guten Morgen Du Schöne«).

Ich hätte mir gewünscht, zum Zeitpunkt der Wende zwanzig Jahre jünger zu sein und mit der damaligen Kraft und den heutigen Chancen mein berufliches Leben zu gestalten. Oder anders gesagt: Die Wende kam zwanzig Jahre zu spät.

Viele von jenen, die sich in der derzeitigen Welt nicht zurechtfinden, haben sich auch in der DDR nicht zurechtgefunden. Nur haben sie es nicht gemerkt, denn wir alle haben sie auf irgendwelchen Pöstchen mit durchschleifen müssen. Für andere gilt der Spruch: Die gleichen Schweine, nur andere Krippen. Sie haben sich in der neuen Gesellschaft wieder die Rosinen herausgepickt. Mit so einem habe ich mal gesprochen. Er meinte zu mir, wir waren schon immer die besten, wir haben die beste

Ausbildung und wir werden immer oben sein. Da ist etwas Wahres dran, dennoch wird dabei vergessen, dass wir deren Ausbildung bezahlen mussten.

All diese Dinge, die auch in der jetzigen Gesellschaft stören, machen mich nicht an. Denn jetzt habe ich die Möglichkeit, diese Dinge anzusprechen, auch wenn ich sie, wie früher, nicht ändern kann. Aber das ist mir manche Mühsal wert.

Utta Schroff, Eizach in Baden-Württemberg

Meine beste Freundin und ich – wir hatten uns wieder

Mit meiner besten Freundin aus Leipzig verband mich auch nach meiner Flucht aus der DDR 1961 eine innige Brieffreundschaft. Ein Bündel meiner Briefe nach unserer Trennung schickte sie mir erst neulich zu.

Sie heiratete – ich heiratete; wir bekamen Kinder – alles war weiterhin vertraut. Ich schickte ihr die Artikel, die ich selbst in der DDR gern gehabt hätte. Bis der verhängnisvolle Brief kam.

In diesem Schreiben teilte sie mir mit: Ihr Mann habe eine Stelle im sozialistischen Ausland angenommen, sie und ihr Kind gingen mit und sie würde mich bitten, keinen Kontakt mehr zu ihr zu suchen – es sei ihnen verboten. Sie wünsche mir für die Zukunft alles Gute und den Kindern ebenso.

Für mich brach danach eine Welt zusammen. Noch hatte ich Hoffnung, dass sie über ihre Eltern mit mir in Kontakt bleiben würde – und versuchte mir alles so zu erklären, dass dies eben das obligatorische DDR-Gebaren war, was ich ja hinreichend kannte. Ich wartete und wartete jahrelang, aber es passierte nichts. Langsam stieg auch Wut in mir auf. Ich wusste ja nicht einmal, in welchem Land sie nun arbeitete.

Und dann kam der Herbst 1989! Als die Einheit Deutschlands besiegelt war, kaufte ich mir eine schwarz-rot-goldene Fahne, klemmte sie an die Autoscheibe und fuhr überglücklich durch Stuttgart. Mit einem Arbeitskollegen sprach ich über meine Freundin und dieser sagte: »Das kriegen Sie doch raus, wo sie inzwischen lebt.« Und so war's dann: Ich rief bei ihrem Eltern in Leipzig an, die mich auch kannten, und erfuhr, dass meine Freundin mit ihrer Familie wieder in Chemnitz lebt. Ich rief sie an … Funkstille! Die Sätze blieben uns im Hals stecken. Dann lud ich sie mit ihrem Mann nach Stuttgart ein. Wir saßen in der Stiftskirche, hörten dem Orgelspieler zu – und mussten heulen. Vor Freude – vor Rührung, egal, wir hatten uns wieder.

Nun erfuhr ich auch die Hintergründe von damals. Ihr Mann und andere Kollegen sollten in Budapest das neue Fernmeldewesen aufbauen. Den DDR-Bürgern war sogar der Kontakt zu Ungarn untersagt. Als ich sie fragte, warum sie es nicht versucht habe, meine Telefonnummer in Stuttgart ausfindig zu machen, erwiderte sie: »Wir haben uns geschämt.« – Seitdem lassen wir uns nicht mehr aus den Augen, besuchen uns gegenseitig und telefonieren oft.

Ihr Schwiegervater war hauptberuflich leider Stasi-Mitarbeiter, ihr Schwager IM. Sie sagte mir, sie war überzeugt, in der DDR eine besseres Deutschland aufbauen zu können – gegen Ende der DDR kamen in ihr aber auch erhebliche Zweifel am System auf. Und das, was geschah, wenn einer den Mund aufmachte, ist hinreichend bekannt …

Mandy Vogel, Dresden

Ein erfülltes und glückliches Leben

Im Februar 1990, kurz nach dem Mauerfall, beendete ich erfolgreich mein Studium der Automatisierungstechnik in Chemnitz. In meinem Delegierungsbetrieb Robotron in Dresden konnte ich noch die für mich zu DDR-Zeiten reservierte Stelle antreten, obwohl schon zu diesem Zeitpunkt abzusehen war, dass sich vieles verändern und der Standort vermutlich keine Überlebenschance haben würde. Im Sommer darauf begann die Kurzarbeit mit null Stunden. Nun stand ich da – ohne Berufserfahrung in einer neuen Welt! Ich wusste nicht so richtig weiter. Die Lücke füllte sich gut – im April 1991 wurde ich überglückliche Mutti eines kleinen Jungen, den wir Sven nannten. Mit dem Gehalt meines Mannes und meinem Erziehungsgeld kamen wir gut über die Runden. Wir waren relativ anspruchslos in der DDR aufgewachsen.

Bereits ein Jahr später merkte man schon, wie die Wirtschaft wieder anruckte, und ich war mir sicher, dass Automatisierungstechnik gebraucht werden würde, nur eben nicht mit der alten Technik, die ich vom Studium her kannte. Ich hatte mein Kind nie in eine Kinderkrippe geben wollen, aber andererseits wollte ich weiter in meinem Beruf arbeiten und wieder mit Mathematik und Physik und hoffentlich auch mit der englischen Sprache zu tun haben. Ich entschied mich vorerst für einen Lehrgang von anderthalb Jahren ganz in der Nähe unseres Wohnortes, der mich mit umfangreichem Wissen über Steuerungen (SPS, CNC, Roboter) ausstattete. 16.15 Uhr konnte ich mein Kind von der Krippe abholen und der Rest des Tages gehörte dem kleinen Jungen, der nun zusehends die Welt entdeckte.

1994 wurde in der Zeitung angekündigt, dass in Dresden ein großes Halbleiterwerk gebaut wird. Das war meine Chance! Sofort bewarb ich mich und wurde recht bald zum Gespräch eingeladen. Ich hatte auf Anhieb Erfolg und brauchte lange, um zu verstehen, dass es wirklich wahr ist, einen Automatisierungstechnik-Job 500 Meter entfernt von unserem Zuhause zu besitzen. Ich bekam die Chance – als eine Frau in der Technikbranche mit einem kleinen Kind bei einem Chef, der aus dem Westen nach Dresden gekommen war und akzeptierte, dass Muttis im Osten berufstätig sein wollen. Ich bin noch heute sehr dankbar dafür. Sven war inzwischen drei Jahre alt und ging in den Kindergarten.

Es folgten 15 wirklich spannende Jahre mit dem Aufbau eines 200-mm-Wafer-Werkes und danach einer noch moderneren Fertigung von 300-mm-Wafern im Dresdner »Silicon Valley«. Es gab schwere Zeiten im Tempo der Werksaufbauten und -entwicklungen. Ich musste kämpfen, um Konzentration und Zeit optimal einzusetzen. Aber es hat sich gelohnt: 2004 war ich sehr stolz, eine der wenigen Frauen zu sein, die zur Lead-Ingenieurin aufsteigen konnte. Mit fünf Mitarbeitern war ich verantwortlich für den operativen Betrieb der Automatiserungstechnik in der Produktion. Dienstreisen führten mich nach Japan, Taiwan und in die USA – durch diese Reisen habe ich meinen Horizont erweitern können und sah, wie andere Menschen leben und arbeiten. Auch erlebte ich hautnah, wie rasant sich die Technik weiterentwickelt, wie mehr und mehr Automatismen die Fertigung bestimmten und wie der Mensch scheinbar ersetzbar wurde.

Doch leider konnte sich aus vielerlei Gründen das für Dresdner Verhältnisse große und moderne 300-mm-Wafer-Werk im Konkurrenzkampf auf dem Weltmarkt nicht behaupten. 2009 gingen die Lichter aus, unfassbar für alle, die viel Zeit, Schweiß und Nerven in den Aufbau sowie den laufenden

Betrieb gesteckt hatten. Nun galt es, das Loslassen zu lernen und sich neu zu orientieren. Sven war inzwischen 18 Jahre alt, hatte ein Schuljahr in Amerika hinter sich und lernte in Görlitz im Gymnasium für Luft- und Raumfahrt – ich war recht zuversichtlich. Er wird seinen Weg schon gehen. Mir stand alles offen, weltweit konnte ich mich bewerben. Mein Mann stimmte dem zu, weil er selbst viele Jahre die Freiheit genossen hatte, als Monteur weltweit unterwegs zu sein.

Ich bewarb mich in Dubai, streckte meine Fühler bis Singapur aus, hatte Bewerbungsgespräche in Karlsruhe und Thüringen und trat am Ende eine Stelle in Dresden an, diesmal 1.000 Meter von meinem Zuhause entfernt. Ich kann nach wie vor zur Arbeit laufen und brauchte erneut lange, um dieses Glück zu begreifen. Mein Traum war, Spezifikationen zu schreiben in der Automatisierungstechnik, und dieser Traum wurde wahr. Mit all den gesammelten Erfahrungen ist es eine Freude, sich in das heutige Geschehen der Industrie einbringen zu können. Ich erlebe, wie junge Leute zunehmend das Ruder in die Hand nehmen, anders vorgehen, als wir vor 20 Jahren, und dabei erfolgreich sind: »Es gibt immer auch eine andere Möglichkeit«, das wusste schon Leonardo da Vinci.

Privat wohnen wir nach wie vor im Plattenbau, in der Wohnung, über die wir uns kurz nach der Wende so gefreut haben, und es auch heute noch tun. Die Wege zur Arbeit und ins Stadtzentrum sind kurz und bequem zu bewältigen, die Freunde wohnen alle in der Nähe und die Miete ist stabil und kostengünstig geblieben. Am wichtigsten war uns, vor allem für unseren Sohn, die Umgebung zu erkunden und die weite Welt zu sehen, offen zu sein für das Leben, seine Veränderungen und Herausforderungen. Dafür spendierten wir gerne Geld und Zeit und sind mit Glück und Zufriedenheit belohnt worden.

Mein Wunsch ist, etwas der Gesellschaft zurückzugeben, weil ich in all den Jahren so viel Glück hatte. Seit fünf Jahren gestalte ich ehrenamtlich regelmäßige Bastel- und Gesprächsabende in einem psychiatrischen Krankenhaus – dort wollen Menschen, die an privaten oder gesellschaftlichen Verhältnissen zerbrochen sind, die sich kräftemäßig verausgabt haben, gesund werden. An diesem Ort lerne ich, Verständnis und Geduld zu haben, auch begreife ich, wie gut es das Schicksal mit mir gemeint hat. Ich inverstiere daher sehr gerne meine ganze Energie in diese Stunden mit den Patienten und freue mich, wenn ich sie zum Lachen bringe und ihnen ein Stück Selbstbewusstsein schenken kann. Und ich erlebe so viel Menschlichkeit in diesem Krankenhaus – es ist ein wundervolles Miteinander ohne Konkurrenzdenken und Stress.

Vor Kurzem las ich folgenden Satz an der Moritzburger Kirche: »Gehet in Liebe, seid festen Glaubens und fröhlicher Hoffnung.« So habe ich, vielleicht zunächst unbewusst, in den letzten Jahren gelernt zu leben. Nun habe ich den tiefen Sinn begriffen und möchte den Spruch weiterhin ganz bewusst verwirklichen.

Kurzbiografien

Dr. Andreas H. Apelt, geb. 1958, Studium der Geschichte und Germanistik an der Humboldt-Universität Berlin; Promotion in Politikwissenschaften; 1989/90 Berliner Landesvorsitzender des Demokratischen Aufbruchs; 1990 Gründungsmitglied und seit 1991 Vorstandsbevollmächtigter der Deutschen Gesellschaft e.V.; Herausgeber & Autor zahlreicher Publikationen.

Dr. Udo Bartsch, geb. 1942, 18 Monate politische Haft, Fernstudium Theater- und Kulturwissenschaft an der Humboldt-Universität; Promotion in Ästhetik; wissenschaftlicher Mitarbeiter an der Akademie der Wissenschaften; Kulturpolitischer Sprecher der CDU unter Lothar de Maizière; Staatssekretär im Kulturministerium und Verhandler für Kultur und Kunst im Einigungsvertrag; Regierungsberatung in Chile; verschiedene Verwendungen im Bundesministerium des Innern, zuletzt als Leiter der Dependance Berlin der Bundesakademie für öffentliche Verwaltung.

Wolfgang Bauer, geb. 1940, Studium der Psychologie und Volkskunde; Tätigkeit als Psychotherapeut in Frankfurt am Main; Herausgeber & (Ko-)Autor von Büchern zur Symbolkunde, zu Vegetationskulten, Pflanzenmagie und Volksbotanik sowie Kurator von Ausstellungen.

Lothar Borbe, geb. 1934, Abitur, Volksmarine; Minenräumbootsfahrer; Seefahrtsschule Wustrow/»Kapitän auf großer Fahrt«; 1989/1990 Demokratischer Aufbruch; 1991 Mitbegründer der Rostocker Hanse Sail; Mitglied im Hanse Sail Verein.

Jörg Friedrich, geb. 1960, Lehrausbildung als Zootechniker/Mechanisator; Spätsommer 1989 wendebedingter Wechsel zur Polizei; seit 1991 bei der Kriminalpolizei; seit 2005 in Chemnitz im Kriminaldauerdienst als Kriminalkommissar tätig.

Ulrich Holbein, geb. 1953, Studium der Theologie, Biologie und freien Malerei; bekannt durch seine Kolumnen in der ZEIT, der Frankfurter Allgemeinen Zeitung und der Süddeutschen Zeitung; Autor von annähernd 900 Publikationen, 21 in Buchform, Verfasser von Glossen, Essays, Satiren, Portraits (SZ, FAZ, FR, konkret u. s. w.); zahlreiche Auszeichnungen (Förderpreise, Stipendien, Literaturpreise); lebt als freier Schriftsteller im hessischen Knüllgebirge.

Prof. Dr. Klaus-Ewald Holst, geb. 1943, Studium der Tiefbohrtechnik und Erdöl-/Erdgasgewinnung in Freiberg; Vorstandsvorsitzender der Verbundnetz Gas AG Leipzig; 1998 Ernennung zum Norwegischen Honorargeneralkonsul für den Freistaat Sachsen; seit November 2005 Norwegischer Honorargeneralkonsul.

Wiete Lenk, geb. 1962, Stewardess, Studium, Dipl. Betriebswirtin; Autorin; Veröffentlichungen in Literaturzeitschriften und Anthologien; erfolgreiche Beteiligungen an Ausschreibungen (u. a. Gesswein-Preis, Buch-Journal-Bibliothek, FRAZ Zürich, Münchner Menüwettbewerb).

Regina Libert, geb. 1949, Studium in Meißen/Siebeneichen im Kultur-Management (Klubleiterin); tätig u. a. als Sektorenleiterin Öffentlichkeitsarbeit, Malsaalvorstand, Projektleiterin, Vereinsvorsitzende, Eventmanagerin, jetzt im Ruhestand.

Dr.-Ing. Horst Kasprzik, geb. 1934, Bote, Facharbeiter, Ingenieur (Fernmeldewesen); im Fernstudium Dipl.-Ing. (Automatisierungstechnik); außerplanmäßige Aspirantur an der TU Dresden zum Dr.-Ing. (Informatik).

Erika Konrad, geb. 1944, Konditorin, Studium für Back- und Süßwaren an der Ingenieurschule für Lebensmittelindustrie in Dippoldiswalde; 1966–1970 TKO Leiter in der Konsum Bäckerei Grimmen; 1970 Ökonomische Leiterin in dem VEB Großbäckerei Dahlewitz; 1989 Geschäftsführerin; 1991 Mitgesellschafter der Dahlewitzer Landbäckerei GmbH (DAHLBACK).

Hubert Maasch, geb. 1959, genauer am 22. November 1959 als die erste Sendung des »Sandmanns« im DDR-Fernsehen lief; Ergotherapeut und Landwirt.

Marion Magas, geb. 1968, zahlreiche Jobs als Kellnerin, Briefträgerin, Ausstellungsbetreuerin, Eisverkäuferin, Honigabfüllerin, Bürokraft in einer Berliner Musikagentur, Buchhändlerin, Regieassistentin; Februar 2000 Studienabschluss als Magister in Germanistik und Theaterwissenschaft an der Humboldt-Universität zu Berlin; 2003 Abschluss als Onlineredakteurin an der Cimdata-Akademie Berlin; seit 2006 freischaffende Autorin und Inselführerin.

Florian Mausbach, geb. 1944, Präsident der Bundesbaubehörde von 1995 bis 1998 der Bundesbaudirektion; von 1998 bis 2009 Präsident des um wissenschaftliche Aufgaben erweiterten Bundesamtes für Bauwesen und Raumordnung und als solcher verantwortlich insbesondere für die Bundesbauten in Bonn, Berlin und im Ausland sowie für die Bauten der Stiftung Preußischer Kulturbesitz; Schwerpunkt seiner Tätigkeit war der zweite Wiederaufbau Berlins als Bundeshauptstadt mit politischen und kulturellen Hauptstadtbauten.

Markus Meckel, geb. 1952, Theologiestudium; Pfarrer in Vipperow/ Müritz; 1988–1990 Leiter der Ökumenischen Begegnungs- und Bildungsstätte in Niederndodeleben bei Magdeburg; seit den 70er-Jahren engagiert in der DDR-Oppostion; 1989 gründete er zusammen mit Martin Gutzeit die SDP; 1990 Außenminister der DDR; 1990–2009 Mitglied des Bundestages; seit 1998 Vorsitzender des Stiftungsrates der Bundesstiftung zur Aufarbeitung der SED-Diktatur.

Herbert Müller, geb. 1930, Zimmermannlehre; Handwerker bei der Stadtverwaltung; nach der Wende Kleinunternehmer.

Günter Nooke, geb. 1959, Diplom-Physiker; Mitbegründer des Demokratischen Aufbruchs; 1990 Mitglied der Volkskammer der DDR; 1990–1994 Vorsitzender der Bündnisfraktion im Landtag Brandenburg; 1998–2005 Mitglied des Deutschen Bundestages, danach Beauftragter der Bundesregierung für Menschenrechtspolitik und Humanitäre Hilfe; seit April 2010 Afrikabeauftragter der Bundeskanzlerin im Bundesministerium für wirtschaftliche Zusammenarbeit und Entwicklung.

Fritz Niedergesäß, geb. 1940, Zimmerer, Dipl.-Ing., Tiefbauingenieur; 1963–1990 Bauleiter für Brückenbau; 1991–1998 Technischer Leiter Verkehrsbau; 1999–2006 Ing. Büro Verkehrsbau; 1990–2006 Mitglied Abgeordnetenhaus von Berlin; Kreisvorstandsvorsitzender Unionhilfswerk Treptow.

Dr. Katharina Nötzold, geb. 1972, Studium der Politikwissenschaft, Ethnologie und Amerikanistik; Forschung und Veröffentlichungen über arabische Medien; derzeit tätig als Geschäftsführerin der Berlin Graduate School Muslim Cultures and Societies an der Freien Universität Berlin.

Dietmar Passenheim, geb. 1953 in Torgau/Sachsen; Baufacharbeiter; Höhenschutzmechaniker und Fallschirmwart; Transportpolizei Amt Leipzig; Technologe Messebüro Möbelindustrie der DDR, Messebüroleiter Kombinat Musikinstrumente; Chefportier.

Gerald Praschl, geb. 1968, Journalist; Redakteur; seit 1996 Chefreporter von SUPERillu, Buchveröffentlichungen zu zeitgeschichtlichen Themen; weitere Infos unter www.praschl.net und facebook/ gerald.praschl.

Paul-Josef Raue, geb. 1950, Studium der Philosophie, Ausbildung an der Hamburger Journalistenschule; Korrespondent und später Chefredakteur der Oberhessischen Presse; Gründer der Eisenacher Presse; Chefredakteur der Frankfurter Neuen Presse; Chefredakteur der Magdeburger Volksstimme; Chefredakteur der Braunschweiger Zeitung; heute: Chefredakteur der Thüringer Allgemeinen.

Dirk Reimers, geb. 1943, Volljurist; 30 Jahre Tätigkeit in vielfältigen Verwendungen in der hamburgischen Verwaltung, darunter als Polizeipräsident und von 1991 bis 2001 als Staatsrat des Senats für die Behörden Inneres, Umwelt und Finanzen; seit 2002 tätig für die von Helmut Schmidt gegründete Deutsche Nationalstiftung, seit 2004 geschäftsführender Vorstand.

Jürgen Schlesinger, geb. 1950, Elektromonteur; Meister für Nachrichtentechnik, Filmvorführer, Tontechniker, Fernsehtechniker u. a. technische Berufsabschlüsse; tätig im Ministerium für Außenhandel, an der Humboldt-Universität und Akademie der Künste; Abendschule Abschluss Kaufmann der Grundstücks- und Wohnungswirtschaft IHK; Wohnungsverwalter A–Z bei der GSW; Rentner.

Utta Schroff, geb. 1941, Kaufmännische Angestellte; seit 2002 in Rente.

Mandy Vogel, geb. 1965, Studium der Automatisierungstechnik in Karl-Marx-Stadt, dem heutigen Chemnitz; 1994–2009 Automatisierungs-Ingenieurin in der Halbleiterindustrie Dresden; 2009 bis heute: Systemintegratorin für Anwendungs- und System-Software.